HEYNE BÜCHER

ESOTERISCHES WISSEN

RALPH TEGTMEIER

DIE HEILENDE KRAFT DER ELEMENTE

Praxis der Tattwa-Therapie

WILHELM HEYNE VERLAG
MÜNCHEN

HEYNE ESOTERISCHES WISSEN
Herausgegeben von Michael Görden
08/9678

Lizenzausgabe mit freundlicher Genehmigung
des Verlags Ralph Tegtmeier, Edition Magus,
im Wilhelm Heyne Verlag GmbH & Co. KG, München
Printed in Germany 1996
Umschlaggestaltung: Atelier Adolf Bachmann, Reischach
Umschlagillustration: Elmar Kohn, Landshut
Druck und Bindung: Ebner Ulm

ISBN 3-453-09342-9

Peter Ellert gewidmet,
dem ich meine erste Tattwa-Reise verdanke

Inhalt

Vorwort 9

1. Kapitel
Geschichte und Konzept der Tattwa-Arbeit – ihre psychologischen Grundlagen 11

2. Kapitel
Einführung in die Praxis 34

3. Kapitel
Einstieg in die Tattwa-Reise 53

4. Kapitel
Praktische Anwendung: Entspannung, Selbstforschung, Diagnose mit Tattwas 88

5. Kapitel
Praktische Anwendung: Tattwas und Selbsttherapie 103

6. Kapitel
Praktische Anwendung: Das Anleiten von Tattwa-Reisen . . 121

7. Kapitel
Die Rolle des Tattwa-Therapeuten 138

8. Kapitel
Anwendungsbeispiele für die Therapie 145

9. Kapitel
Die Arbeit mit den Unter-Tattwas 152

10. Kapitel
Tattwas und Traumarbeit 165

11. Kapitel
Tattwas und Gruppenarbeit 170

Anhang: Bibliographie 180

Vorwort

Können Sie sich vorstellen, daß eine Therapie auch Spaß machen kann? Daß sie ein echtes Abenteuer für sich ist? Daß Sie im Laufe der Therapie Dinge erleben, wie Sie es in Ihren kühnsten Träumen nicht erwartet hätten? *Und daß Sie dabei gleichzeitig zu Gesundheit, Harmonie und seelischer wie körperlicher Ganzheit finden?*

Die Arbeit mit den Elementen ist mehr als ein raffiniertes Modell der Seelenheilung – sie zeigt uns die Macht der Symbole, sie läßt die Bilder lebendig werden und offenbart uns ihre heilende Kraft. Alles, was Sie dazu benötigen, ist etwas Mut, die Symbole der Element-Sphären und etwas Ruhe, und schon können Sie anfangen, Ihr Leben einschneidend zu verändern – und zwar so, wie *Sie* es wollen, ohne fremde Vorschriften und Maßgaben.

Die Tattwa-Therapie wurde entwickelt, um herkömmliche und alternative Heilmethoden zu begleiten, zu ergänzen und abzurunden. Aber sie ist auch eine eigenständige Heildisziplin mit schier unbegrenzten Möglichkeiten. Sie greift auf das Kraftpotential des Unbewußten und seiner archetypischen Bilder zurück und bekämpft Erkrankungen nicht nur an der Front der Symptome, sondern an ihren Wurzeln und Ursachen. Zur gleichen Zeit heilt sie den Symbolhaushalt der Seele, stellt Fehlentwicklungen richtig und bietet zur selben Zeit ein ungeahntes Potential der Selbsterfahrung und -entfaltung. Sie ist vorbeugend orientiert, ihr Schwerpunkt ist die Prophylaxe und die Sinnfindung im Leben des Menschen. Da sie mit archetypischen Grunderfahrungen und mit Glyphen arbeitet, die seit Jahrtausenden als kosmische Seinsstrukturen gelten, erschließt sie die Ur-Energien an ihrer Quelle und macht sie nutzbar.

Wir laden Sie ein, das Abenteuer Tattwa-Reise zu wagen und in die Tiefenschichten des Lebens einzutauchen, um zu einer ganzheitlichen, erfüllten Sinneinheit zu finden.

1. Kapitel

Geschichte und Konzept der Tattwa-Arbeit und ihre psychologischen Grundlagen

Die Lehre von den Tattwas und ihr Ursprung

Bevor wir uns mit dem geschichtlichen Ursprung der Tattwas und ihrer Anwendung in Therapie und Prophylaxe befassen, sollten wir uns vergegenwärtigen, daß eine solche historische Betrachtungsweise zwar manches veranschaulichen kann, daß sie aber auch ihre Grenzen hat. So können wir beispielsweise feststellen, daß sich eine gezielte Arbeit mit den *Tattwas* selbst im Abendland erst seit dem Ende des 19. Jahrhunderts nachweisen läßt, doch die Struktur, mit der wir es dabei zu tun haben, ist weitaus älter.

Im Jahre 1875 wurde in Amerika die *Theosophische Gesellschaft* (TG) durch die russische Okkultistin Helena Petrovna Blavatsky (1831–1891) gegründet. Dieses Ereignis sollte die geistesgeschichtliche Entwicklung des gesamten westlichen Okkultismus entscheidend prägen, denn schon bald hatte der Bund sich über die ganze Welt ausgebreitet und gewann immer mehr an Einfluß. Dazu trugen vor allem die Persönlichkeit und die Werke der Blavatsky bei, auf die wir hier allerdings nicht weiter eingehen wollen. Wichtig ist in unserem Zusammenhang, daß die Theosophische Gesellschaft es sich zum Anliegen gemacht hatte, vor allem östliches Gedankengut mit dem des Westens zu verschmelzen, wobei der Schwerpunkt auf dem indisch-tibetischen Kulturkreis lag. Dies äußerte sich unter anderem darin, daß die Zentrale der Gesellschaft schon bald ins indische Adyar verlegt wurde, von wo aus ihr Einfluß immer größer wurde.

Das Konzept der Tattwas ist nicht neu, die indischen Philosophien, die zahlreichen verschiedenen Yoga- und Tantra-Systeme kennen den Begriff »Tattwa« oder zumindest die Prinzipien, für die er hier stehen soll. Im Sanskrit hat das Wort *tattwa* unterschiedliche Bedeutungen; seit der Übermittlung durch die Theosophie jedoch wird es im Westen so gut wie ausschließlich im Sinne von »Element« beziehungsweise »elementarer Schwingungszustand« verwendet. Diese Elemente sind im (theosophischen) Sanskrit das *Prithivi-*, das *Apas-*, das *Tejas-*, das *Vayu-* und das *Akasha-*Tattwa.

Das Verdienst der TG besteht nicht so sehr darin, die Grundstruktur der fünf Elemente in die abendländische Geisteslehre eingeführt zu haben, denn diese war schon seit langem bekannt. Bereits die Antike verwendete diese Grundpinzipien, formulierte doch der griechische Philosoph Empedokles (490–430 v.Chr.) die Lehre von den vier Urkräften Erde, Wasser, Feuer und Luft (oder Äther). Sie spielten seit jeher eine große Rolle in der Astrologie und natürlich auch in der Alchemie, wenngleich sie im Laufe der Zeit manche Veränderung durchlaufen mußten. So wurde nicht nur ihre Bedeutung gelegentlich verändert; aus den ursprünglich vier Elementen wurde später durch Hinzufügung des Äthers (oder, genauer, durch seine Auskopplung aus dem Element Luft) eine Fünfheit. Parallel dazu kannte die westliche Alchemie drei andere Elemente, nämlich Quecksilber (*mercurius*), Schwefel (*sulphur*) und Salz oder Erde (*sal*), entsprechend auch den drei astrologischen Qualitäten *beweglich*, *kardinal* und *fix* sowie den drei indischen Gunas *sattwas*, *rajas* und *tamas*. Das Element Äther wurde auch gleichgesetzt mit der »fünften Essenz« aus allen anderen vier Elementen, der sogenannten *Quintessenz*.

All dies mag dem Laien zunächst als recht verwirrend erscheinen, doch brauchen wir uns die Einzelheiten nicht zu merken, zumal wir die Elemente beziehungsweise Tattwas im Laufe unserer Ausführungen noch gründlich behandeln werden. Um jedoch auf den Beitrag der Theosophie zurückzukommen: Er bestand vor allem aus zwei Dingen. Erstens erweckte die TG durch ihren kaum zu überschätzenden Einfluß das allgemeine Bewußtsein für die Elementstruktur aufs neue, denn dieses Wissen war zwar alte westliche Tradition, geriet aber im Rahmen des Siegeszugs des Rationalismus, der Ende des 18. Jahrhunderts einsetzte und bis in unsere Tage vorhält, weitgehend in Vergessenheit. Der zweite Beitrag war gestalterischer Art: Denn die Theosophie bescherte dem Westen, darin vor allem auf buddhistische Darstellungen zurückgreifend, die Bildsymbole der Tattwas, also das gelbe Quadrat, die liegende silberne Mondsichel, das aufsteigende rote Dreieck, den hellblauen Kreis und das violette, schwarze oder weiße Ei. Wir werden diese Symbole noch ausführlicher im zweiten Kapitel besprechen.

Die TG wandte sich schon sehr bald wieder von allen sogenannten »magischen« Praktiken ab, ja einige ihrer Mitglieder wie beispielsweise der irische Dichter und spätere Literaturnobelpreisträger William Butler Yeats wurden sogar aus ihrer Gemeinschaft ausgestoßen, weil sie sich solcher Praktiken »schuldig« gemacht hatten. Es ist bis heute nicht eindeutig geklärt, in welchem Umfang die TG tatsächlich mit den Tattwas praktisch gearbeitet hat. Einer von vielen Gründen dafür ist sicherlich die Tatsache, daß die Geheimhaltung damals in allen Vereinigungen dieser Art groß geschrieben wurde und es auch eine Reihe »innerer Kreise« gab, die nach außen hin, also Nichteingeweihten gegenüber, stets sehr verschwiegen auftraten. Es ist jedoch sehr wahrscheinlich, daß zumindest einige Theosophen die Tattwas zum Zwecke der sogenannten »Astralreise« verwendeten. Denn aus ehemaligen Mitgliedern der TG sowie aus den Reihen der esoterischen Freimaurerei und Rosenkreuzerei rekrutierten sich um das Jahr 1888 in England die Gründer des wohl einflußreichsten magischen Ordens der Neuzeit. Gemeint ist der als *Order of the Golden Dawn* (*Orden der Goldenen Dämmerung*) bekannt gewordene Geheimbund, der bis kurz nach der Jahrhundertwende existierte und zu dem neben dem schon erwähnten William Butler Yeats auch solch wichtige Namen des europäischen Okkultismus wie Samuell Liddell »MacGregor« Mathers (1854–1918), Arthur Edward Waite (1857–ca.1940), William Wynn Westcott (1848–1925) und der berüchtigte, aber dennoch sehr einflußreiche Aleister Crowley (1875–1947) zählten. In seinen letzten Jahren soll der Orden ferner Beziehungen zu Rudolf Steiner (1861–1925), dem früheren Sekretär der deutschen Sektion der TG und späteren Begründer der Anthroposophie unterhalten haben. Auch dem berühmten esoterischen Schriftsteller Gustav Meyrink (1868–1932) werden Kontakte, ja sogar eine Mitgliedschaft im *Orden der Goldenen Dämmerung* nachgesagt. Darüber hinaus waren noch eine Reihe anderer führender Intellektueller und Künstler der Zeit Mitglieder des Bundes, von der irischen Freiheitskämpferin Maud Gonne über den Maler »AE« (= George Russel) bis zu dem Romancier Arthur Machen. Nach seiner De-facto-Auflösung um 1901 bis 1902 wurde der Bund in veränderter Form von A.E. Waite als *Stella Matutina* (*Der Orden vom Morgenstern*) bis in die dreißiger Jahre weitergeführt und zählte außer William Butler Yeats auch die einflußreichen esoterischen Autoren Dion

Fortune und Israel Regardie zu ihren Mitglieder, ebenso Schriftsteller wie Evelyn Underhill und Charles Williams.

Der *Orden der Goldenen Dämmerung* ist für uns vor allem deswegen von Interesse, weil er die erste gut dokumentierte Quelle praktischer Tattwa-Arbeit darstellt. Yeats berichtet, wie ihm Mathers bei einer ersten Begegnung »blitzende Farbtafeln« zeigte, über die er sich aufgrund seiner Geheimhaltungspflicht jedoch nicht ausführlicher äußert. Aus seinen Tagebüchern wie auch aus später publik gewordenen Dokumenten des Ordens selbst geht jedoch hervor, daß die Arbeit mit den Tattwa-Symbolen zur Grundausbildung der Ordensmitglieder gehörte. Die Tattwa-Symbole oder Tafeln wurden dabei als »Tore« für Trancereisen verwendet, die man auch als »Emporsteigen auf den Ebenen / durch die Sphären« (rising on the planes) bezeichnete. Man setzte diese Erlebnisse mit dem Astralwallen oder Astralreisen gleich, eine etwas problematische Auffassung, die wir weiter unten noch näher beleuchten werden. Ziel dieser Tattwa-Reisen war der Erhalt magischen und mystischen Wissens, ja die Einweihung in die unterschiedlichen Sphären der Elemente. In den später von Regardie veröffentlichten Ordensdokumenten sind Schilderungen von Adepten enthalten, die ihre Erlebnisse in verschiedenen Tattwa-Sphären beschreiben. (Deutsche Ausgabe von *The Complete Golden Dawn System of Magic* beim Bauer Verlag in Vorbereitung.)

Auch diese Praktik ist aber im Prinzip nicht neu. Schon die alten Isis-Mysterien der späthellenischen und römischen Antike arbeiten mit dem »Fahren durch die Elemente«, und auch in der esoterischen Freimaurerei kennt man das »Reisen« des Gesellen. (Das englische Wort für »Geselle« lautet noch heute »journeyman«, also »Reisender«, und auch uns ist noch der Ausdruck »fahrender Geselle« und der Begriff »Lehr- und Wanderjahre« vertraut.) Man hat darin eine Anlehnung an die Reisepflicht bestimmter Handwerkszünfte gesehen: Nach seiner Lehrlingsausbildung mußte der frischgebackene Geselle einige Zeit auf Wanderschaft gehen, um die »große weite Welt« kennenzulernen. Selbst im akademischen Bereich war es bis vor kurzem noch üblich, daß man seinem Studium stets an mehreren Universitäten nachging, bei mehreren Lehrern lernte und so weiter. Wenngleich dies heute nicht mehr im gleichen Ausmaß praktiziert wird, gibt es doch immer noch Studienreisen und Stipendien für den befristeten Besuch anderer Hochschulen. Ganz ähnlich verfuhren die begüterteren Stände noch bis zur Zeit um den Ersten Weltkrieg, indem sie ihre Kinder auf sogenannte »Bildungsreisen« schickten, die sich je nach Geldbeutel über mehrere Monate oder sogar Jahre erstrecken konnten.

Für diese Praktik gab und gibt es eine Reihe rationaler Erklärungen: Der Fahrende beziehungsweise Reisende erweitert seinen geistigen Horizont, wird mit andersartigen Gegenden, Menschen und Lehren konfrontiert und reift auf diese Weise beruflich und charakterlich heran, um dann, »erwachsen« und »weltklug« geworden, an seinen Herkunftsort zurückzukehren. Dies ist die Reise auf der *materiellen* Ebene. Die Elemente jedoch, mit denen wir uns hier befassen wollen, sind nicht materiell allein, und es bedarf wohl keiner gesonderten Erklärung mehr, daß sie mit den »Elementen« des Chemikers nichts gemein haben. Die Element- oder Tattwa-Reise ist somit eher eine geistig-seelische Größe, sie findet auf einer Ebene statt, die wir mangels eines besseren Ausdrucks als die »feinstoffliche« bezeichnen wollen.

Parallelen zum Schamanismus

Gehen wir in der Kulturgeschichte des Menschen noch viel weiter zurück, so entdecken wir ein Phänomen, das vor allem in den letzten Jahren verstärkt das Interesse auch der breiteren Öffentlichkeit auf sich gezogen hat: den Schamanismus. Das Wort »Schamane« stammt aus dem Tungusischen und bezeichnet einen Priesterarzt, den man oft auch »Medizinmann« oder »Hexendoktor« nennt, abhängig vom jeweiligen Kulturkreis. Der Schamanismus ist weltweit verbreitet: Kulturen, die auf schamanischen Glaubenssätzen beruhen und sich des Schamanen bedienen, der in moderner Terminologie eine Mischfunktion aus Priester, Arzt, Psychotherapeut und Parapsychologe wahrnimmt, sind beinahe überall zu finden. Wir können und wollen hier nicht in allen Einzelheiten auf den gesamten Schamanismus eingehen, wichtig sind für uns nämlich nur folgende Fakten: Die schamanische Kultur fußt auf dem Prinzip der *Trancereise*. Ein Schamane ist also per definitionem ein Priesterarzt oder »Wissender«, der Trancereisen praktiziert. Unter Trance versteht man dabei einen veränderten Bewußtseinszustand, der nicht unbedingt etwas mit der sogenannten »Tiefentrance« der Hypnose zu tun hat; im Gegenteil: Die schamanische Trance besteht gerade darin, daß das Bewußtsein zwar verändert ist, aber eine Beherrschung und Kontrolle dieses veränderten Zustands noch möglich bleibt. Diese Trance kann auf verschiedenste Weise herbeigeführt werden, zum Beispiel durch Trommeln, Tanzen, Fasten, körperliche Erschöpfung, durch Entspannungstechniken, häufig auch durch bestimmte Drogen.

In dieser Trance reist der Schamane in verschiedene Sphären, meist als *Unter-*, *Ober-* und *Mittelwelt* bezeichnet. Dies geschieht zum Zwecke der Heilung, der Wissenserlangung, der Totenbegleitung (Seelenführung), der Divination und so weiter. Auf solchen Reisen begegnet er oft Geistern und Schutzgottheiten, aber auch Teufeln und Dämonen, vereint er sich mit Tiergestalten und führt magisch-mystische Rituale durch, eben alles, was für die Ausübung seiner Funktion erforderlich ist. Die Geist- oder Visionsreise, denn um eine solche handelt es sich dabei, dient also sowohl der praktischen, angewandten Heilkunde als auch der Inspiration, der Sinnfindung für das persönliche Leben sowie der Erschließung dessen, was wir heutzutage als »paranormale« oder Psi-Fähigkeiten bezeichnen.

Die schon erwähnten Mysterien der europäischen Antike ließen die Element-Reise auf sehr plastische, körperliche Weise stattfinden: Der Einzuweihende mußte beispielsweise durch reale Höhlen wandern, ein Wasser durchwaten, ein Feuer überspringen oder ähnliches, um schließlich wieder, geläutert und durch die Elemente gereinigt, an die Erdoberfläche emporzusteigen.

Die Technik des *Ordens der Goldenen Dämmerung* dagegen entspricht eher den älteren Vorgehensweisen des Schamanismus, die mit an Sicherheit grenzender Wahrscheinlichkeit mindestens 60.000 Jahre alt sind, möglicherweise sogar noch sehr viel älter, indem nämlich auf rein geistige, also nichtphysische Weise gereist wird. Zwar begab sich der Adept, wie der Schamane oft auch, an einen besonderen »heiligen« Ort, nämlich den Tempel, doch bestand dieser »Tempel« häufig nur aus einer Zimmerecke, die seinen magisch-mystischen Übungen und Arbeiten vorbehalten war. Die eigentliche Reise hingegen fand ausschließlich im Geiste statt, und alle äußerlichen Gegenstände beziehungsweise Reize (zum Beispiel Weihrauch, Kerzenbeleuchtung und dergleichen) waren reine Hilfsmittel, auf die mit zunehmender Praxis verzichtet werden konnte.

Wir erkennen an diesen historischen Tatsachen, daß sowohl die geistige Reise als auch das Strukturprinzip der Elemente uraltes menschliches Wissensgut ist. Der Schluß liegt nahe, daß beide im Aufbau unseres Gehirns und unseres Geistes begründet liegen.

Wir wollen uns nun kurz mit modernen Bewußtseinsmodellen befassen, die zum Teil unbewußt auf diesen alten schamanischen Praktiken aufbauen oder sie – im modernen Gewand – wiederentdeckt haben.

Tattwas und moderne Bewußtseinsmodelle

Spätestens seit der Beschäftigung mit der Hypnose im 19. Jahrhundert und der Entstehung der Psychologie als akademische Wissenschaft ist das allgemeine Interesse an der Struktur des menschlichen Geistes salonfähig geworden. Die Psychoanalyse Sigmund Freuds (der übrigens von der Hysterie- und Hypnoseforschung herkam) bewirkte eine Revolution des modernen Menschenbilds. Seine Auseinandersetzung mit dem Traumleben, die in Träumen, etwas verkürzt formuliert, symbolhafte, sinnvolle Mitteilungen des Unterbewußtseins sah, gab den Anstoß zu einer umfangreichen Untersuchung der »irrationalen« Seite des menschlichen Geistes. Dies war mehr als eine bloße Mode, denn sie läutete in weiten Bereichen die Abkehr vom mechanistischen Weltbild des 19. Jahrhunderts ein; eine Entwicklung, die durch Einstein und Heisenberg auf dem Gebiet der Physik ihre Entsprechung fand.

Freuds Schüler C.G. Jung beschäftigte sich in seiner Tiefenpsychologie unter anderem auch verstärkt mit der Symbolsprache der Seele (im Gegensatz zu Freud sprach er lieber vom »Unbewußten« anstatt vom »Unterbewußtsein«), entwickelte die Traumdeutung weiter und bescherte uns die Lehre von den *Archetypen*, also jener Grund- oder Ursymbole, die sich weltweit in allen Kulturen, vor allem in der Mythologie und im Märchenschatz nachweisen lassen. Seitdem hat der Begriff »Archetyp« (auch: »Archetypus«) eine gewisse Inflationierung erfahren und wird heute allgemein als Bezeichnung für Urstrukturen im allgemeinen verwendet, sofern sie sich aufs menschliche Seelenleben beziehen. Wenn wir also davon sprechen, daß die Element-Symbolik »archetypisch« ist, so meinen wir damit, daß sie sich in der einen oder anderen Form so gut wie überall in der menschlichen Kultur wiederfinden läßt, also auch in Kulturräumen, die nachweislich keinen direkten Kontakt miteinander hatten. Je archetypischer, und das bedeutet hier: je tiefverwurzelter ein Symbol oder eine Struktur ist, um so wirkungsvoller läßt sich damit auch auf psychosomatischer Ebene arbeiten, also auf dem Gebiet der Heilung, der Krankheitsvorbeugung und der allgemeinen Lebensbewältigung und Sinnfindung. Denn die Urbilder sprechen tiefsitzende, meist unbewußte Kräfte und Triebe, Emotionen und Instinkte in unserem Inneren an, was wir bei der Beschäftigung mit der Tattwa-Therapie immer wieder beobachten können.

Nun ist die moderne Psychologie bei Jung nicht stehengeblieben, allerdings ist sie inzwischen derart unüberschaubar geworden, daß es müßig wäre, sie hier in ihrer Gänze mit all ihren Facetten vorstellen zu wollen. Doch ein allgemeiner Überblick sei gestattet. C. G. Jungs Beschäftigung mit den Symbolen der Menschheit und mit dem menschlichen Traumleben hat zu einer Vielzahl verschiedenster Therapieformen geführt, die schamanischen Praktiken oft bis in alle Einzelheiten auf verblüffende Weise gleichen – auch wenn ihre Vertreter derlei bis vor relativ kurzer Zeit noch entrüstet von sich gewiesen hätten. Für uns sind hier vor allem die Schulen wichtig, die mit Trancereisen, Phantasiereisen und Symbolamplifikation arbeiten. Am bekanntesten ist wohl das von J. H Schultz entwickelte Autogene Training (AT). Dabei handelt es sich, wie Horst Miers in seinem *Lexikon des Geheimwissens* (S. 58) zu recht betont, um »Eine der wenigen okkulten Praktiken, die plötzlich von der Schulwissenschaft freudig übernommen wurden.« Tatsächlich fußt das AT weitgehend auf Praktiken aus Yoga und buddhistischer Meditation, die für den Menschen unserer Zeit »verwestlicht« wurden. Besonders beliebt ist die von ihm propagierte *Tiefenentspannung*, doch ist es vor allem das sogenannte *Kathathyme Bilderleben* der oberen Stufen, das eine gewisse Ähnlichkeit mit der schamanischen Praxis und der Tattwa-Therapie aufweist, wie wir sie hier behandeln werden.

Durch einen Umschwung der Ethnologie, fort von einem überheblichen Eurozentrismus, der in fremden Naturvölkern nur »primitive Wilde« zu sehen vermochte, hin zu einer wertfreieren, ja respektvollen Betrachtung ihrer Kulturen, richtete sich das Augenmerk westlicher Bewußtseinsforscher vor allem nach dem Zweiten Weltkrieg immer mehr auch auf »exotische« Praktiken des Schamanismus. Die dadurch gewonnenen Erkenntnisse fanden schließlich auch Eingang etwa in die moderne Humanistische und die Transpersonale Psychologie. Die Beschäftigung mit den umstrittenen Praktiken der Senoi in Malaysia wurde durch Autoren wie Patricia Garfield und vor allem Strephon Kaplan Williams zusammen mit Ansätzen der Schule C. G. Jungs in einer neuen Form der Traum-Therapie verarbeitet, die weitgehend mit Trancereisen oder zumindest trancereiseähnlichen Techniken arbeitet.

Überhaupt erwies sich die Tiefenpsychologie als äußerst fruchtbarer Anstoß für zahlreiche Forscher, die sich auf oft sehr unterschiedliche Weise mit der bewußten Trancearbeit befaßten, sei es unter dem Aspekt der »Astralreise« oder der »außerkörperlichen Erfahrung« (Lischka, Monroe, Zurfluh, Wälti), der Bewußtseinserweiterung durch Drogen (Gelpke, Leary, Alpert, Lilly, Grof), der Psychotherapie (Perls, Masters, Houston), der Sterbeforschung und Reinkarnationstherapie (Kübler-Ross, Dethlefsen) und so weiter.

Die Tattwa-Arbeit steht also keineswegs im luftleeren Raum und kann sogar auf eine relativ lange Tradition zurückblicken. Und doch erstaunt es auf den ersten Blick, daß im *Orden der Goldenen Dämmerung* anscheinend nicht *therapeutisch* mit Tattwas gearbeitet wurde. Vielmehr diente die Tattwa-Reise dort vornehmlich, wie schon erwähnt, dem magischen und mystischen Wissenszuwachs, der Einweihung und seelischen Läuterung und der magischen Praxis, nicht jedoch (zumindest besitzen wir keine Dokumente, die auf das Gegenteil hinweisen) der gezielten Behandlung von Erkrankungen. Dies steht im Zusammenhang mit einem ganz allgemeinen mangelnden »therapeutischen Bewußtsein« der damaligen Zeit. Wiewohl man den Geist im Abendland schon seit Jahrtausenden als »Herrscher des Körpers« ansah, war doch über die tieferen Beziehungen zwischen Psyche und Physis sehr wenig Genaues bekannt. Wohl hatte Messmer schon Ende des 18. Jahrhunderts mit seinem Magnetismus auch als Therapeut europaweit Furore gemacht, doch geriet diese Heilkunde schon bald ins medizinische Abseits, und auch die therapeutischen Möglichkeiten der Hypnose harrten noch ihrer Entdekkung. Erst Freud mit seinem differenzierten Bewußtseinsmodell und Georg Groddek, der Begründer der psychosomatischen Medizin, verhalfen der Auffassung zum endgültigen Durchbruch, daß ein Großteil der körperlichen Leiden und Erkrankungen auf *seelische* Ursachen zurückzuführen ist. Bis sich jedoch auch der Umkehrschluß, daß man nämlich körperliche Symptome durch Behandlung ihrer seelischen Ursachen beheben kann, allgemein durchsetzte, mußten noch einige Jahrzehnte vergehen. Ja nicht einmal heute wird diese These von sämtlichen Schulmedizinern akzeptiert.

Deshalb ist es auch vielleicht etwas leichter zu erklären, weshalb die therapeutischen Möglichkeiten der Tattwa-Arbeit lange Zeit nicht erkannt wurden, obwohl es doch schon immer sehr ähnliche Methoden gab. Vergessen wir dabei auch nicht die Tatsache, daß beispielsweise die Auseinandersetzung mit dem Schamanismus erst vergleichsweise spät einsetzte und lange Zeit nicht aus ihrem akademischen Ghetto ausbrach.

Wenn ich im folgenden von Tattwa-Therapie spreche, so meine ich damit eine Form der Therapie und Prophylaxe, die mit gezielten Trancereisen in die Elementsphären arbeitet. Sie wurde von mir in Zusammenarbeit mit einigen anderen »Außenseiter«-Praktikern entwickelt, ohne daß ich damit jedoch einen Anspruch auf ein »Copyright« oder eine Art »Warenzeichen« erheben will. Dazu sind ihre Grundprinzipien viel zu alt und seit Jahrtausenden überliefert, ein derartiger Anspruch wäre also vermessen und unlauter zugleich. Dennoch unterscheidet sich die Tattwa-Therapie von anderen Formen der modernen wie der schamanischen Trancetherapie, sie hat ihre ureigenen Stärken und Schwächen, ist also durchaus unverwechselbar und kennt ihre eigenen Gesetze. Mit diesen Gesetzen und ihrer Anwendung in der Praxis wollen wir uns in diesem Buch beschäftigen, ebenso mit den Unterschieden zu anderen Techniken und Therapieansätzen. Dazu müssen wir uns zunächst ein wenig Klarheit darüber verschaffen, was es eigentlich bedeutet, in Element-Analogien zu denken, zu fühlen und wahrzunehmen.

Das Denken, Fühlen und Wahrnehmen in Element-Analogien

Benutzen wir der Anschaulichkeit halber das Modell vom Unbewußten und Bewußtsein, um den praktischen Umgang mit Analogien zu illustrieren. Dieses Modell ist nicht mehr und nicht weniger als eben dies – ein Modell, ein Erklärungsversuch, nicht aber etwa eine objektiv gesicherte Tatsache, wie der Laie oft glaubt. Gewiß, es spricht einiges dafür, weshalb wir es ja auch verwenden wollen; aber es hat eher den Charakter einer Veranschaulichung als den einer Festschreibung scharf umrissener Grenzen. Es ist eben *nicht* so, wie es die Vulgärpsychologie häufig darstellt, als sei unsere Psyche nämlich eine Art Hochhaus mit zwei Stockwerken, der »Management-Etage« des Bewußtseins und der »Blaukragen-Etage« des Unterbewußtseins. Vielmehr durchdringen beide einander und sind oft gleichzeitig präsent, es sind Funktionen und *Zustände*, keine Orte oder »Regierungsbezirke«.

Diese Unterscheidung ist sehr wichtig, denn wenn wir sie uns nicht bewußt machen, werden wir den praktischen Umgang mit Analogien im allgemeinen und den mit Element-Analogien im besonderen leicht mißverstehen. Es war übrigens eine ähnliche Überlegung, die C. G. Jung dazu bewegte, den Freudschen Begriff »*Unter*bewußtsein« zugunsten der neutraleren Bezeichnung »Unbewußtes« zu verwerfen. Denn es gibt in der Seele keineswegs die unumstößliche Hierarchie, die durch das »Unter-« in Freuds Begriff nahegelegt wird. Ja wenn man es genau nimmt und der Tatsache Rechnung trägt, daß der Anteil des Unbewußten an die 90% der Gesamtpsyche ausmacht, es also schon kraft Masse die eigentliche »Vorherrschaft« hat, müßte man sonst nämlich pikanterweise gerade das Bewußtsein als das wirkliche *Unter*bewußte definieren!

Betrachten wir das Modell »Unbewußtes/Bewußtsein« einmal von der praktischen Seite. Der Mensch erfährt sich in der Regel vor allem als *bewußtes* Wesen, weshalb er auch immer wieder dazu neigt, das Bewußtsein zu überschätzen oder es gar für alleinseligmachend zu halten. Aus einer solchen Einstellung, und wir alle haben sie in mehr oder weniger ausgeprägtem Maße, spricht sowohl Arroganz als auch Angst: Arroganz, indem wir meinen, die Welt enthalte ausschließlich das, was wir als existent wahrnehmen und begreifen; Angst, weil wir uns vor dem fürchten, was an Unbekanntem, eben Nicht-Bewußtem im Unbewußten ruht oder – je nach Einstellung – lauert. Die Arroganz ist zwar sehr menschlich und verständlich, stellt aber eine dauernde Gefahr dar, weil sie auf dem Irrtum beruht, unsere Entscheidungen seien stets bewußter und rationaler Art. Die Angst dagegen ist durchaus berechtig, sofern wir weiterhin auf eine derart unreflektierte, ja törichte Weise mit den Kräften unseres Unbewußten umgehen. Ein Beispiel soll dies erläutern.

Wenn wir einen vollen Kinosaal betrachten, in dem plötzlich jemand »Feuer!« ruft, werden wir schnell eines Besseren belehrt, wenn wir wirklich geglaubt haben sollten, daß wir rein rationale, bewußt handelnde Wesen seien. Plötzlich wird selbst der vernunftbetonteste Mensch zur wilden Bestie und versucht auf Gedeih und Verderb, den Ausgang zu erreichen – mit Ellenbogen und Fußtritten, wenn es sein muß, und ohne sich viel darum zu scheren, wer von seinen Nachbarn daran glauben muß. Dabei ist es keineswegs böse Absicht, wenn einige Menschen von anderen zu Tode getrampelt werden. Wir haben es mit einem fast völlig unbewußten Akt zu tun, bei dem der biologische Überlebensinstinkt und der Revierfluchttrieb vorübergehend die Oberhand gewinnen. Kommt hinzu eine ebenso unbewußte, instinktive Furcht vor dem Feuer, wie sie praktisch allen Säugetieren zueigen ist – und schon bleibt vom »bewußten Wesen« Mensch nicht mehr sehr viel übrig. Er gebärdet sich als reines Herdentier und wird von Panik und Hysterie beherrscht. Um der einen Gefahr auszuweichen, begibt er sich möglicherweise in eine viel größere.

Dieses Beispiel ist nicht nur ein Hinweis darauf, wie mächtig unser Unbewußtes eingreifen und alles beherrschen kann, wenn es dies für erforderlich hält (hier: bei Lebensgefahr). Im Alltag ist es oft ebenso beherrschend, nur zeigt sich dies meist weniger offensichtlich. Wenn wir freilich einmal darauf achten, wie wenig rational unsere Abneigungen gegen bestimmte Dinge oder Menschen (ebenso natürlich unsere Vorlieben) oft sind, wie häufig wir rein nach Gefühl handeln (das Gefühl gilt uns ja meist als eine Art »verlängerter Arm« des Unbewußten), nicht selten sogar gegen alle Regeln der Vernunft, so wird uns bald klar, wie klein das Reich des Verstands und des Bewußtseins doch in Wirklichkeit ist. Das erstreckt sich sogar in Bereiche, wo der Laie es am wenigsten vermuten würde. So läßt sich beispielsweise im Wirtschaftsleben, wo man herkömmlicher Erwartung nach doch eigentlich vor allem mit »kühlen Rechnern« zu tun haben sollte, beobachten, daß Personal- und sogar Geschäftsentscheidungen immer wieder nach rein emotionalen Gesichtspunkten gefällt werden. Die angeblich so kühlen Rechner reagieren mitunter höchst gefühlsbetont, wenn ihnen ein potentieller Geschäftspartner nicht zusagt, auch wenn an seiner Bonität oder seiner wirtschaftlichen Zuverlässigkeit und Leistungsfähigkeit nicht das geringste auszusetzen ist. Die falsche Krawatte, die Mitgliedschaft im falschen Club, eine als unangenehm empfundene Stimme – und schon kippen Millionenverträge! Das ist keine erfundene Horrorvision, diese Informationen stammen von einer Reihe meiner Klienten aus Topmanagement und Hochfinanz, die nicht selten unter diesem Konflikt vorgespielter Sachlichkeit und realer Emotionalität zu leiden haben. Gewiß, es wäre übertrieben zu behaupten, daß dem immer so ist, aber solche Fälle sind keine Seltenheit. Wir erkennen daran einmal mehr, daß es sich nicht auszahlt, das Unbewußte zu unterschätzen oder so zu tun, als fände es allenfalls nachts auf der Traumebene statt. Auch unser Liebesleben wird schließlich weitgehend davon gesteuert, ja es existiert wohl kaum ein Lebensbereich, in dem es sich nicht auf mehr oder weniger unterschwellige Weise Geltung verschafft hätte, und es gibt ganze Industrien (etwa die Werbewirtschaft oder die Kosmetikbranche), die von einer Ausbeutung dieser »irrationalen« Elemente leben.

Wir haben mit unserem Beispiel vom Feueralarm im Kinosaal die negative, destruktive Seite des Unbewußten und des Instinktiven im Menschen aufgezeigt. Sie tritt vor allem dann zutage, wenn wir nicht gelernt haben, mit diesen Kräften richtig umzugehen. Es ist freilich ein Trugschluß des Materialismus, daß ein »richtiger Umgang« lediglich darin bestehen könne, zu immer größerer rationaler Bewußtheit zu gelangen. Freud formulierte dies in seinem Votum »Wo Es war, soll Ich werden.« Dahinter steckt der implizite Glaube, der Verstand sei etwas »Besseres« als das Unbewußte. Daß er ihm im Falle der Panik unterlegen ist, haben wir allerdings bereits gezeigt. Ein Gegenbeispiel veranschaulicht freilich, daß dies auch im Bereich des konstruktiven Umgangs mit den Kräften des Unbewußten ebenso der Fall ist. Die Medien berichten immer wieder von Fällen »übermenschlicher« Kräfte, die in Situationen großer Gefahr völlig unbewußt freigesetzt werden. Da sieht eine Mutter, wie ihr Kind von einem großen Bus überrollt wird, stürzt, ohne nachzudenken, darauf zu, hebt den Bus ohne jede fremde Hilfe empor, zieht ihr gestürztes Kind hervor – und erkennt erst danach, was für eine »unmögliche« Tat sie da eigentlich vollbracht hat! Fast jeder Kriegsteilnehmer weiß von ähnlich unglaublichen Leistungen zu berichten, die der Mensch in Augenblicken größter Gefahr vollbringen kann. Wäre der Verstand (den wir ja leider meistens mit dem Bewußtsein verwechseln) hier weiterhin in Kraft geblieben, er hätte nur die »Unmöglichkeit« der Situation analysiert und dem Organismus den Zwang zur Resignation signalisiert.

Beide Beispiele sind natürlich stark überspitzt, weil sie ja auch nur der Veranschaulichung dienen. Im Falle des Feueralarms wird ein kühler Verstand oft mehr wert sein als ein rein instinktives Verhalten – sofern die Gefahr nicht schon zu nahe herangerückt ist. Freilich übertragen wir unserem Verstand die Aufgabe, festzustellen, ob es sich dabei nicht vielleicht bloß um einen blinden Alarm oder gar um einen schlimmen Schabernack handelt. Doch kann sich der Verstand dessen nie sicher sein, selbst dann nicht, wenn er keinerlei Flammen oder Rauchentwicklung konstatiert – denn schließlich könnte das Feuer ja auch im Verborgenen glimmen oder draußen im Foyer und so weiter. Vorzuziehen wäre sicherlich eine Instinktsicherheit, die im Falle eines blinden Alarms die Panik verhindert, indem sie dem einzelnen die Gewißheit gibt, daß es keinen Grund gibt, sich der Gefahr einer Massenflucht durchs Nadelöhr der Kinoausgänge auszusetzen. Doch über eine solche Instinktsicherheit verfügen selbst wilde Tiere nicht immer, um wieviel weniger kann man sie also vom hochzivilisierten Menschen der Gegenwart erwarten, der sich ohnehin den größten Teil des Tages auf die Entscheidungen seines Verstands stützt und sein Unbewußtes systematisch verkümmern läßt.

Andererseits ist auf unser Unbewußtes auch nicht immer Verlaß: Nicht jede Mutter wird ihr Kind auf die oben geschilderte Weise retten, und trotz aller übermenschlichen Leistungen und Gefahrenmeisterungen kommen in Kriegen immer wieder zigtausende oder gar Millionen von Menschen um. Es ist die Unberechenbarkeit des Unbewußten und seiner verborgenen Kräfte, die zur Vorherrschaft der Vernunft geführt hat. Der analytische Verstand will Klarheit und Sicherheit, er hat Schwierigkeiten, mit der Unschärfe des Symbolkosmos zu leben, den das Unbewußte ihm als einziges anzubieten hat. Denn Symbole sind fast immer mehrdeutig, sie lassen sich weder auf eine alleinige Aussage festlegen noch gar wiegen und messen. Ihre Stärke liegt vielmehr gerade in ihrer erwähnten Unschärfe, wie wir noch sehen werden.

Die Sache hat aber noch einen weiteren, vielleicht sogar viel fataleren Aspekt: Denn wenn wir uns nicht um die »Pflege« unseres Unbewußten kümmern, wird sich dies oft in der Form bitter rächen, daß Störungen in seinem »Symbolhaushalt« (und daß Symbolen eigene Kräfte eignen, und seien diese vielleicht auch nur psychischer Natur, ist eine seelische Urerfahrung, auf der unter anderem sämtliche Religionen, Ideologien und praktische Seinslehren fußen) nicht direkt als solche erkannt werden; das aber löst wiederum solange Störungen im Seelenleben wie im Organismus aus, bis das Bewußtsein nicht mehr umhin kann, sich nun bewußt damit auseinanderzusetzen. Leider ist es dann aber oft schon zu spät: Die Ursachen lassen sich vielleicht noch durch gezielte Therapie beheben, aber die organischen Schäden – und auch die seelischen »Narben« – sind nur noch schwer oder gar nicht mehr zu beseitigen.

Mit anderen Worten: Gesundheit ist keine unabdingbare Selbstverständlichkeit, wir müssen sie uns ebenso erarbeiten wie wir uns – natürlich meist unbewußt – unsere Krankheiten »erarbeiten«. Die Tatsache, daß wir in der Regel öfter und länger gesund sind als krank, darf uns nicht zu dem Irrtum verleiten, es genüge, lediglich auf Krankheitsvermeidung oder -behebung zu achten. Gesundheit ist nicht zuletzt auch eine *Einstellung*, aber keine rein intellektuelle, sondern eine, die *jede Faser unseres Organismus* erfassen muß, und dies erreichen wir vor allem dadurch, daß wir uns der Mithilfe jenes Bereichs unserer Seele versichern, der noch immer den unmittelbarsten Kontakt zu unserem Organismus und seinen Abläufen hat, des Unbewußten also.

Die Sprache des Unbewußten ist aber, nach allem, was wir von ihr wissen (und das ist tatsächlich allen gegenteiligen Beteuerungen der Psychologie zum Trotz immer noch bedauerlich wenig), das *Symbol*.

All diese Ausführungen sind weder neu noch besonders originell. Dennoch sind sie wichtig, denn sie zeigen, wie wir mit den Tattwa-Symbolen umgehen sollten, wenn wir uns ihrer Kräfte sinnvoll und konstruktiv bedienen wollen. Denn das Denken, Fühlen und Wahrnehmen in Element-Analogien will gelernt sein, es verlangt nach Übung und Praxis.

Das war nicht immer so. Mythisch denkenden Kulturen wie beispielsweise jenen, in denen der Schamanismus zu Hause ist, ist der Umgang mit Analogien so selbstverständlich wie es für uns der Umgang mit dem Wertgefüge unserer Technologie und Naturwissenschaft ist.

Nehmen wir zur Veranschaulichung wieder ein Beispiel. Wenn es bei uns regnet, sprechen wir von Tiefdruckzonen, von Temperaturgefällen, von Windzugrichtungen und Luftfeuchtigkeit und so weiter. Unsere Meteorologen geben sich dann große Mühe, uns im Fernsehen zu erklären, warum es gerade regnet – und häufig genug auch, warum ihre Vorhersage vor Vortag, die trockenes Wetter prophezeit hatte, falsch gewesen ist. Ein Schamane eines sogenannten »primitiven Naturvolks« würde dagegen bei einem gleichen Geschehen in seinem Gebiet vielleicht zur Erklärung hervorbringen, daß die Regengöttin »traurig« sei und deshalb »weine«. Je nach Intuition (= »Mitteilung des Unbewußten«) wird er dann vielleicht prophezeien, daß diese Trauer morgen verflogen sei und der Himmel dann wieder klar sein dürfte. Nun wird der rationalistische westliche Wissenschaftler einwenden, daß der Eingeborene seine genaue Beobachtung der Natur und ihrer Anzeichen für Regen oder Trockenheit ja nur in ein mythisches Kleid gehüllt habe, daß es »in Wirklichkeit« gar keine Regengöttin gebe, sondern daß Regen eben auf Tiefdruckzonen, Temperaturgefällen, Windzugrichtungen und Luftfeuchtigkeit beruhe und so weiter. Ein solcher Einwand mag zwar naturwissenschaftlich korrekt sein, verfehlt aber den eigentlichen Kern der Sache. Wenn wir nämlich einmal annehmen, daß die Wettervorhersagen des Eingeborenen in etwa ebenso zutreffend sind wie die seines technikliebenden meteorologischen Kollegen im Fernsehen, so spielt es im Prinzip für die Praxis keine Rolle, auf welchem Wege beide zur gleichen Aussage gelangen. Daß die auf der Auswertung von Satellitenfotos beruhende Wettervorhersage der Intuition des Eingeborenen überlegen sei, ist ein ungerechtfertigter Einwand. Denn kein eingeborener Schamane wird eine Vorhersage für einen solch großen geographischen Raum machen, wie es der überregional arbeitende Fernsehmeteorologe tut. Es bliebe noch zu untersuchen, ob die regionale Vorhersage des Meteorologen der des Schamanen tatsächlich überlegen ist.

Entscheidend an diesem Beispiel ist aber nicht die Debatte, ob es mit oder ohne Technik besser geht, sondern vielmehr das Prinzip der Bezugsebene: Die weinende Regengöttin des Schamanen ist eine »mythische Wahrheit«, sie »fühlt« sich für ihn richtig an, sein Unbewußtes akzeptiert diese Erklärung, ja es hat sie wahrscheinlich überhaupt erst hervorgebracht und vorformuliert. Denn es entspricht in der Regel dem symbol-logischen Denken des Unbewußten, eher in Bildern zu denken als in Barometerwerten. Damit soll eine kühne Behauptung aufgestellt werden: Der Meteorologe mag zwar mit seiner naturwissenschaftlichen Erklärung der »objektiven«, also materiellen Wahrheit näherkommen als der Schamane, doch wird dieser dafür wahrscheinlich seinem Unbewußten gerechter, weil er eine Sprache spricht, die es versteht und durch die es nicht in einen Erklärungskonflikt mit seiner Umwelt gebracht wird. Mit anderen Worten: seine Erklärung ist *gesünder*!

Wenn man sich mit einer derartigen Problematik befaßt, läuft man leicht Gefahr, zu stark zu vereinfachen oder gar endlose Debatten vom Zaun zu brechen, die nicht wirklich zum Thema gehören. Auch Mißverständnisse können auf diese Weise entstehen, und einem möglichen Mißverständnis dieser Art wollen wir hier gleich vorbeugen: Es geht uns nicht darum, einmal mehr den uralten Mythos vom »edlen Wilden« und vom »unedlen Zivilisationsmenschen« breitzutreten, denn damit wäre beiden Seiten nicht gedient. Eine solche Schwarzweißmalerei führt in die Irre, weil sie vom Wesentlichen ablenkt. Es ist ja auch nicht so, als sei der mythisch denkende Naturmensch absolut frei von Krankheiten, Streß und Neurosen, oder als wäre der technisierte Mensch des 20. Jahrhunderts nur ein reines Nervenbündel. Wenn wir hier dennoch solche Beispiele bringen, so vor allem deshalb, weil sich das analoge, mythische Denken nicht auf rational-lineare Weise veranschaulichen läßt. Denn das gegenteilige Extrem besteht darin, das nicht wirklich Intellektualisierbare zu verkopfen und damit einmal mehr die Wahrheitsebenen zu verwechseln.

Es wurde bereits darauf hingewiesen, daß die Stärke der Analogien gerade in ihrer Unschärfe liegt. Nehmen wir wieder ein Beispiel, um dies zu verdeutlichen. Diesmal begeben wir uns in den Bereich der Zukunftsvorhersage: Je unpräziser eine Voraussage ist, um so größer ist die Wahrscheinlichkeit, daß sie eintreffen wird. Wenn Sie also aus Ihrer Kristallkugel Ihrem Nachbarn prophezeien, daß sich morgen »einige Dinge ändern werden«, so wird ihn eine so oberflächliche Aussage zwar höchstwahrscheinlich sehr enttäuschen, immerhin können Sie aber am nächsten Tag mit fast hundertprozentiger Sicherheit einen Erfolg verbuchen. Prophezeien Sie ihm hingegen, daß er am nächsten Tag um 17.53 von seiner Tante Klara aus Australien angerufen wird, um die frohe Botschaft zu erhalten, daß sie ihn soeben zum Alleinerben eingesetzt hat, ist die Wahrscheinlichkeit Ihres Erfolgs erheblich geringer. Ein guter Clairvoyanter ist nun nicht unbedingt einer, dessen Erfolgsquote bei fast hundert Prozent liegt, denn das ist reine Utopie, sondern jemand, der öfter als nicht gegen eine schier unglaubliche Unwahrscheinlichkeit richtige Voraussagen macht.

Ähnlich verhält es sich mit den Element-Analogien und der Ganzheitsmedizin im Gegensatz zur reinen Symptomdiagnose. Wenn Sie einem Kranken auf den Punkt genau eine Krankheit XY diagnostizieren und ihm entsprechend ein Medikament Z geben, das nur für diese bewußte Krankheit indiziert ist, so werden sie sicherlich präziser die Symptome selbst beheben können, als wenn sie mit einem Breitbandmedikament arbeiten. Das ist auch sicherlich oft sehr sinnvoll, zum Beispiel bei akkuten Beschwerden und Schmerzen. Allerdings hängt der Erfolg Ihrer Behandlung dann nicht etwa nur von der Genauigkeit Ihrer Analyse der Krankheit ab, sondern auch davon, daß Sie wirklich die eigentliche Ursache der Krankheit »erwischen«. Und die ist nun leider nicht immer identisch mit den Symptomen, wie die Psychosomatik immer wieder bewiesen hat. Um Georg Groddeks Beispiel einmal zu paraphrasieren: Wenn Sie ständig jemandem begegnen, den Sie »nicht riechen« können, werden Sie, stark vereinfacht dargestellt, möglicherweise einen Schnupfen entwickeln. Geht nun ein Mediziner daran, nur ihren Schnupfen mit Medikamenten zu behandeln, ohne um seine seelischen Ursachen zu wissen, ja ohne überhaupt nach ihnen zu suchen, wird er zwar möglicherweise Ihren Organismus gegen Schnupfen immunisieren können, doch wird sich dieser dann eben einen anderen Kanal suchen, um das eigentliche Problem kundzutun. Das ist dann der Fall des von Döbereiner erwähnten Stotterers, der durch homöopathische Mittel von seinem Sprechfehler befreit wurde – um kurz darauf in einem Anfall unsäglicher, unbeherrschbarer Wut mit dem Messer auf seine Mutter loszugehen.

In den letzten Jahren ist sehr viel berechtigte Kritik an der sogenannten »Apparatemedizin« geübt worden, die den Menschen zur reinen Biomaschine zu degradieren versucht habe. Wie gesagt, ein Großteil dieser Kritik war angebracht – doch dürfen wir das Kind nun auch nicht mit dem Bade ausschütten und die »bösen Schulmediziner« zu neuen Sündenböcken stempeln. Vergessen wir bei aller Vorliebe für die Naturheilkunde (die ich persönlich übrigens hundertprozentig teile) nicht die Erfolge der modernen Schulmedizin etwa auf dem Gebiet der Seuchenkontrolle, der Herzchirurgie, der allgemeinen Lebensverlängerung und so weiter. Ich möchte daher auch die Tattwa-Therapie nicht als Ersatz für die herkömmliche Medizin betrachtet wissen, sondern allenfalls als sinnvolle *Ergänzung*. Gewiß ist auf beiden Seiten, jener der Schulmedizin und jener der Naturheilkunde, ein Umdenken nötig, eine größere Kompromißbereitschaft, als sie bisher an den Tag gelegt wurde.

Doch kehren wir kurz zum therapeutischen Umgang mit Analogien zurück. Ein Tattwa-Therapeut würde beispielweise beim Stotterer zunächst einmal diagnostizieren, daß hier eine Störung im Bereich des Elements Luft (Sprache, Kommunikation, Ausdrucksfähigkeit und so weiter) vorliegt, verbunden mit dem Element Feuer (Spasmen – etwa beim stakkatoartigen Sprechen -, Aggressivität, Willensäußerung und ähnliches) und sich vorläufig auf diese Feststellung beschränken. Damit hätte er das Problem zwar weitaus ungenauer lokalisiert als ein Arzt oder Psychologe herkömmlicher Prägung, der, wie es das medizinische Lexikon *Pschyrembel* tut, das Problem als »Dysarthria (Anathis) syllabaris, Phonophobie, Psychoglossie; psychogene Störung d. Zusammenwirkens der für d. Sprechakt wichtigen muskulären Funktionen d. Atmung, d. Artikulation u. d. Phonation: verkrampfte Atmung, tonische Spannung d. Artikulations- u. Kehlkopfmuskulatur sowie tonisch-klonische Innervationsstöße d. Sprechmuskulatur« diagnostiziert, das zu »Logospasmus« oder »Logoklonus« führt. Gewiß, beide Beschreibungen sind noch lange keine Therapie, und der Schulmediziner scheint, oberflächlich betrachtet, viel näher »am Thema« zu bleiben – doch tut er das wirklich? Es läßt sich nicht leugnen, daß in einem rational-logischen Denkgefüge manches dafür spricht: Während die Beschreibung des Tattwa-Therapeuten beispielsweise ebensogut auf Asthma oder Lungenentzündung zuträfe, definiert der Schulmediziner nur ein einziges Krankheitsbild und wirkt damit zunächst präziser, ja aus seiner Sicht ist er es ja auch tatsächlich. Doch geht es dem Kranken schließlich vor allem um Heilung und nicht um akademische Spitzfindigkeiten philosophischer oder bestenfalls linguistischer Art. Obwohl der Tattwa-Therapeut mit seiner Luft/Feuer-Behandlung (was das konkret bedeutet, klären wir später noch) scheinbar nur einen »Streuschuß« plaziert, trifft er paradoxerweise gerade durch seine Unschärfe den symbol-logischen Aspekt der Erkrankung beziehungsweise des Leidens mit größerer Wahrscheinlichkeit als jemand, der eine Krankheit nur monokausal, also auf einer einzigen Ursache allein beruhend, begreift. Er setzt auf Flächenwirkung und überläßt den punktgenauen Beschuß seinem schulmedizinischen Kollegen dort, wo er wirklich sinnvoll ist. Denn, um wieder eine Lanze für die herkömmlichen Heilmethoden zu brechen, es gibt durchaus zahlreiche Fälle, wo es für den Patienten weitaus sinnvoller ist, punktuell behandelt zu werden. Hat er beispielsweise unerträgliche Zahnschmerzen, braucht er zunächst einmal eine Dämpfung oder Betäubung dieser Schmerzen, wobei es für ihn in diesem Augenblick erst einmal unerheblich ist, ob dies mit Hilfe von schmerzstillenden Medikamenten geschieht, mit Akkupunktur, mit Hypnose oder sonstigen Methoden. Hier muß der Tattwa-Therapeut ganz klar seine eigenen Grenzen erkennen und einsehen, daß andere Therapieformen der seinen, zumindest was akute Beschwerden betrifft, eindeutig überlegen sind. Es wäre eine sinnlose Quälerei, den armen Patienten eine Trancereise machen zu lassen, um die »wahren Ursachen« seines Zahnschmerzes zu ergründen. Abgesehen davon, daß die wenigsten Menschen dazu fähig wären, eine solche Übung unter heftigen Schmerzen durchstehen, wäre ein sofortiger Erfolg auch höchst fraglich. Denn wenngleich die Symbol-Therapie, wie wir diesen Ansatz auch bezeichnen könnten, äußerst gründlich arbeitet, braucht sie dafür doch auch eine gewisse Zeit, Soforteffekte sind also die Ausnahme.

Der Begriff der *Symbol-Logik* bedarf einer Erklärung, da wir noch häufiger mit ihm zu tun haben werden. Wir sagten schon, daß die Sprache des Unbewußten in erster Linie aus Bildern besteht. Dieser Sprache und diesen Bildern eignet nun eine ganz eigene »Grammatik« und »Logik«. Mit der Grammatik brauchen wir uns hier vorläufig nicht weiter zu befassen, da wir bei der Tattwa-Arbeit nur sehr wenig mit verbalen Beeinflussungen des Unbewußten arbeiten. Nur zur Veranschaulichung sei deshalb erwähnt, daß man beispielsweise im positiven Denken den Leitsatz kennt, man dürfe keine Negativformulierungen verwenden, wenn man einen bestimmten Erfolg erzielen will. Man würde also nicht formulieren »Ich bin nicht krank«, sondern, positiv, »Ich bin gesund«. Der Grund dafür liegt darin, daß das Unbewußte offenbar negative Suggestionen weitgehend abblockt und den verneinenden Teil ignoriert. Aus unserem obigen Satz würde also durch Ignorieren des »nicht« ein »Ich bin krank« – eine fatale Umformung!

Interessanter ist für uns dagegen die Logik der Bilder. Sie ist eng verwandt mit dem, was wir »mythische Wahrheit« genannt haben. Diese Logik läßt sich per definitionem sprachlich nur schwer beschreiben, dennoch ist sie fast jedem Menschen mehr oder weniger bekannt. Betrachten wir einmal das Symbol des Kreises. Leicht verfallen wir bei einer intellektuell orientierten Auseinandersetzung mit diesem Symbol in den Fehler, rein gedanklich-rationale Interpretationen und Deutungsgerüste zu oktroyieren, etwa indem wir sagen, der Kreis sei ein »Symbol der Unendlichkeit« oder indem wir gar auf seine mathematisch-geometrischen Besonderheiten (zum Beispiel Pi mal r^2) und ähnliches eingehen. Ein solcher Ansatz ist dem Unbewußten so gut wie völlig unvertraut. Es wird auf den Kreis emotional reagieren, etwa indem es uns deutlich macht, daß es sich im Kreis »geschützt« fühlt oder sich »gerne« in ihm aufhält und so weiter. Nun müssen sich diese unterschiedlichen Aussagen, also die verstandes- und die gefühlsbetonte, gegenseitig keineswegs ausschließen. »Unendlichkeit« bedeutet für viele Menschen ja auch etwas dem »Schutz« und »Wohlbefinden« ähnliches. Doch während es dem Verstand möglich ist, mit Zuordnungen zu spielen, etwa indem er, vielleicht um bewußt zu provozieren, Wasser als »fest« und »hart« bezeichnet, würde dies meistens gegen die Symbol-Logik des Unbewußten verstoßen, die mit Wasser nun einmal die Qualitäten »fließend« und »weich« verbindet. Wie ein Kind mag auch das Unbewußte keine intellektuellen, abstrakten Spielereien, Aussagen wie »kaltes Feuer« oder »spitzes Rund« sind ihm zuwider. Für diesen Teil unserer Seele ist es eben viel »symbol-logischer«, zu glauben, daß sich die Sonne um die Erde dreht, denn das ist weitaus anschaulicher beschrieben als das abstrakte Konzept des Planetensystems der kopernikanischen Astronomie.

Wir bewegen uns bei diesem Thema auf recht schwierigem Terrain. Denn wir müssen erstens aus unserem gewohnten linearen Wahrheitsdenken ausscheren und uns mit der Tatsache anfreunden, daß es sowohl eine »mythische« als auch eine »rationale« Wahrheit geben kann und daß diese sich nicht unbedingt decken müssen. Zweitens aber haben wir mit dem Problem zu kämpfen, daß die mythische Wahrheit und die Symbol-Logik sehr subjektiv sind, daß also beispielsweise dem einen Menschen beziehungsweise seinem Unbewußten ein Begriff wie »heißes Eis« gefühlsmäßig oder symbol-logisch überhaupt nichts sagt, dem anderen dagegen durchaus. Wenn wir uns später mit der Praxis der Tattwa-Reise befassen, werden Sie erkennen, wie wichtig dieser Punkt ist. An dieser Stelle möchte ich Sie lediglich auf das Problem aufmerksam machen.

Aus dem bisher Gesagten wollen wir nun folgende Leitsätze für die Tattwa-Therapie ableiten, die diese zugleich auch als echte ganzheitliche Heilmethode ausweisen:

Die Leitsätze der Tattwa-Therapie

1. Keine Krankheit ist ausschließlich organischen Ursprungs; jede Krankheit hat auch *mindestens* eine seelische Ursache.

2. Keine Krankheit hat nur eine einzige Ursache – jede Erkrankung stellt einen ganzen Komplex verschiedenster Ursachen dar, organischer wie seelischer.

3. Jede Erkrankung hat mindestens eine symbol-logische Entsprechung im Seelenhaushalt.

4. Die Tattwa-Therapie befaßt sich vornehmlich mit den seelischen und symbol-logischen Aspekten einer Erkrankung.

5. Die Tattwa-Therapie versteht sich als *Ergänzung* zu herkömmlichen Therapieformen, nicht aber als Ersatz für sie. Ihre eigentliche Stärke ist die Prophylaxe.

6. Da die Tattwa-Therapie mit Symbolen arbeitet, achtet sie verstärkt auf symbol-logische Zusammenhänge und zielt auch auf symbol-logische Wahrheiten ab.

Manche dieser Aussagen mögen Ihnen im Augenblick vielleicht trotz unserer Ausführungen ziemlich abstrakt erscheinen. Das braucht Sie nicht zu beunruhigen, denn die Praxis selbst wird vieles davon veranschaulichen, und wir werden im praktischen Teil immer wieder Beispiele für diese Prämissen geben und ihre Anwendung ausführlich erläutern.

Wenn Sie als Patient oder, wie ich lieber sage, als Klient eine Tattwa-Reise bei einem Tattwa-Leiter »buchen«, ist es nicht unbedingt erforderlich, daß Sie sich schon vorher intensiv mit dem Denken, Fühlen und Wahrnehmen in Element-Analogien vertraut gemacht haben. Durch die Arbeit mit den Tattwas selbst wird sich dies erfahrungsgemäß im erforderlichen Umfang schon von allein einstellen. Wollen Sie die Tattwa-Reise jedoch zur Selbstheilung verwenden oder gar als Tattwa-Leiter andere Klienten auf ihren Tattwa-Reisen begleiten, so verlangt dies schon nach einer etwas gründlicheren Auseinandersetzung mit den Element-Analogien. Diese werden wir in dem nun folgenden Kapitel genauer umreißen.

2. Kapitel

Einführung in die Praxis

Allgemeine Hinweise

In diesem Kapitel geben wir in knapper Form eine Zusammenfassung der Grundvoraussetzungen für die praktische Arbeit mit den Tattwas. Sie können es daher in der Anfangszeit zum Nachschlagen verwenden, wenn Ihnen ein bestimmter Punkt unklar sein sollte, zum Beispiel eine Farbzuordnung, ein Symbol oder ähnliches. In den folgenden Kapiteln werden wir dann dieses Grundgerüst weiter ausbauen und in die eigentlichen Feinheiten der Tattwa-Arbeit einführen.

Wir haben die einzelnen Tattwas bereits aufgeführt, wollen uns hier aber auf eine bestimmte Begrifflichkeit festlegen. Aus der Theosophie kennen wir das *Prithivi*-, das *Apas*-, das *Tejas*-, das *Vayu*- und das *Akasha*-Tattwa. Anstatt der umständlichen Sanskritnamen werden wir jedoch die gängigeren deutschen Bezeichnungen verwenden. Daher folgende Entsprechungsliste:

Prithivi – Erd-Tattwa
Apas – Wasser-Tattwa
Tejas – Feuer-Tattwa
Vayu – Luft-Tattwa
Akasha – Äther-/Geist-Tattwa (auch: *Quintessenz-Tattwa*)

Über die »richtige« Reihenfolge der Elemente ist in der westlichen Tradition schon sehr viel spekuliert worden. Dahinter steht ein lineares, hierarchisches Denken, wie es dem zyklisch wahrnehmenden Unbewußten eigentlich fremd ist. Nicht einmal das Äther-Tattwa ist den anderen »überlegen« im Sinne einer Herrschaft oder Überordnung. Stellen Sie sich die Tattwas also eher in einer kreisförmigen

Anordnung vor, mit den einzelnen Elementen in den vier Himmelsrichtungen und dem Äther-Tattwa in der Mitte. (Vgl. Abb. Nr.1)

Die Sanskritbezeichnungen brauchen Sie sich übrigens nur zu merken, wenn Sie vor allem ältere theosophische Texte oder solche aus dem indischen Kulturraum lesen wollen, die sich mit den Elementen befassen. Wir führen solche Texte hier nicht auf, weil sie mit der Tattwa-Therapie nichts zu tun haben. Statt dessen werden wir im folgenden zunächst auf die Bildsymbole und auf die Zuordnungsbereiche der Tattwas eingehen.

Die Bildsymbole der Tattwas

Jedem Tattwa eignet ein eigenes farbiges Bildsymbol. Dieses wird vom Reisenden in entspanntem Zustand möglichst lange angeschaut. Danach schließt er die Augen und nimmt das Symbol mit seiner inneren Wahrnehmung in seiner *Komplementärfarbe* wahr.

Die Bildsymbole der Tattwas mit ihren Farben:

Element	*Symbol*	*Farbe*	*Komplementärfarbe*
Erde	Quadrat	Gelb	Violett
Wasser	Mondsichel	Silber	Grau
Feuer	Dreieck	Rot	Grün
Luft	Kreis	Hellblau	Orange
Äther	Ei	Violett	Bernstein

(Von der Farbenlehre her ist der Begriff »Komplementärfarbe« in diesem Zusammenhang natürlich nicht völlig korrekt, zumal es auch eine »Farbe silber« beispielsweise eigentlich nicht gibt. Gemeint ist

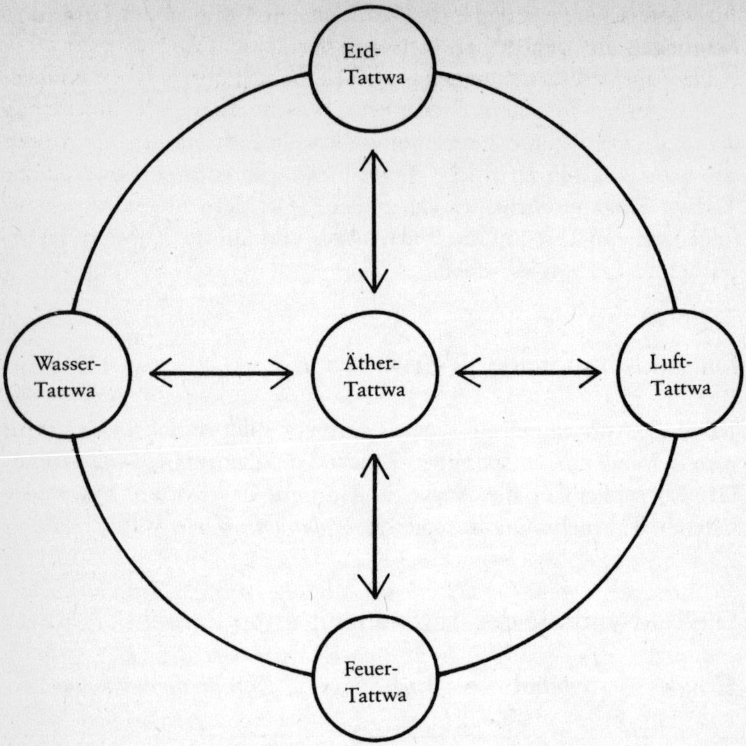

Abb. 1:
Anordnung der Tattwas in zyklischer Folge. Das Äther-Tattwa liegt in der Mitte, durchdringt aber gleichzeitig auch die anderen Elemente. Daher auch seine Bezeichnung »Quintessenz«.

hier die »Gegenfarbe«, die sich bei längerem Anschauen bei geschlossenen Augen auf der Retina zeigt.)

Es finden sich in der Literatur gelegentlich auch geringfügige Abweichungen von den oben angegebenen Werten, so wird für das Luft-Tattwa beispielsweise auch ein grüner Kreis angegeben, für das Wasser-Tattwa eine weiße Mondsichel oder ähnliches. Der gravierendste Unterschied ist wohl das Äther-Tattwa, das auch als weißes, als schwarzes oder als »bunt funkelndes« Ei dargestellt wird. Dies ist aber auch eine Frage der verwendeten *Hintergrundfarbe*.

Oft wird als Hintergrundfarbe weiß empfohlen, doch hat meine eigene Praxis und die einiger anderer Tattwa-Experten gezeigt, daß die Hintergrundfarbe *schwarz* effektiver ist. Wenn die Farben kräftig genug sind, was sie auf jeden Fall sein sollten, treten sie gerade vor einem schwarzen Hintergrund besonders stark heraus, was die Trancereise erfahrungsgemäß erheblich erleichtert. In unseren *Farbtafeln* finden Sie daher auch die angegebenen Symbolfarben.

Technisch gesehen arbeitet man mit sogenannten *Tattwa-Karten*. Diese bestehen meistens aus quadratischen Holz- oder Pappscheiben, auf welche die Symbole gemalt oder gedruckt werden. Wenn Sie die Farbtafeln aus der Rückenlasche dieses Buchs herausnehmen und auf eine feste quadratische Unterlage aufkleben, können Sie sich solche Tattwa-Karten mühelos selbst anfertigen. Achten Sie dabei darauf, daß die Symbole außer ihrem schwarzen Hintergrund keinen weiteren Rand erhalten, denn ein solcher würde das Auge des Betrachters nur ablenken.

Die Größe der Tattwa-Karten ist zwar nicht festgelegt, die in unseren Farbtafeln wiedergegebenen Tattwas gelten jedoch als optimal. Sie können sich bei Bedarf aber auch selbst größere Karten anfertigen, indem Sie farbige Pappe ausschneiden und auf schwarzen Karton kleben. (Beides gibt es in guten Schreibwarenläden und in Geschäften für Künstlerbedarf.) Besonders bei der Gruppenarbeit verwendet man in der Regel sehr großformatige Karten. Kleinere Formate als die hier wiedergegebenen sind jedoch nicht zu empfehlen, da das Auge sonst zu sehr angestrengt wird.

Wichtig für die Arbeit ist auch die richtige *Beleuchtung*. Je matter und indirekter das Licht, um so besser. Wenn Sie in Alleinregie arbeiten, sollten Sie ein wenig mit Lampen oder Kerzen experimentieren. Kerzen sind meistens nicht sehr gut geeignet, weil sie zu sehr flackern, es sei denn, der Raum ist absolut frei von Luftzug. Es läßt sich auch vorteilhaft mit Punktstrahlern arbeiten, die die Tattwa-Karte voll beleuchten, sofern das Licht nicht zu grell ist. In diesem Fall sollte der Rest des Raumes in Dunkelheit gehüllt sein.

In der Regel arbeitet man bei der Tattwa-Reise im Sitzen mit aufrechtem, geradem Rücken. Diese Haltung hat sich als die vorteilhafteste erwiesen. Daher muß für eine entsprechende *Sitzgelegenheit* gesorgt werden.

Die Tattwa-Karte wird aufrecht, aber leicht geschrägt vor dem Reisenden aufgestellt, man kann sie beispielsweise auf einem Tisch gegen ein Glas oder eine Vase lehnen. Wichtig ist nur, daß die *Stütze* vollständig von der Karte verdeckt wird. Darüber hinaus sind sämtliche anderen Gegenstände vom Tisch zu entfernen, die die Konzentration des Reisenden beeinträchtigen könnten.

Brillen und *Kontaktlinsen* sind vor der Sitzung abzulegen. Ebenfalls *Hörgeräte*, sofern dadurch das Gehör des Reisenden (bei einer angeleiteten Tattwa-Reise) nicht über Gebühr beeinträchtigt wird und er die Anweisungen des Tattwa-Leiters nicht mehr verstehen sollte. Auf jeden Fall gilt dies für die selbständige Tattwa-Reise.

Die Tattwa-Vision wird vom Reisenden *laut* beschrieben und auf Tonband/Tonkassette aufgenommen. Daher sollte ein entsprechendes *Aufnahmegerät* aufgestellt sein. Da die Reise mit geschlossenen Augen durchgeführt wird, kann das Gerät oder das Mikrophon nach Beginn der Reise auf den Tisch gestellt werden, es wird dann nicht mehr stören. Als besonders praktisch haben sich wegen ihrer Handlichkeit kleine Taschendiktiergeräte mit einem zusätzlichen Hand- oder Fußschalter an einem langen Kabel erwiesen. Größere Tonbandgeräte haben allerdings den Vorteil, daß das lästige und etwas störende Umdrehen oder Wechseln der Kassette entfällt. Wenn Sie als Tattwa-Leiter mit anderen arbeiten, sollten Ihre Klienten allerdings eine Bandaufzeichnung ihrer Reise mit nach Hause nehmen können, um sie dort intensiv durchzuarbeiten. Das wird in der Regel eine Kassette sein.

Es versteht sich eigentlich von selbst, daß jede *Ruhestörung während der Sitzung* zu vermeiden ist. Eine Sitzung dauert je nach Entspannungsfähigkeit und Erlebnisintensität des Reisenden im Schnitt zwischen vierzig Minuten und eineinhalb Stunden, was Ihnen zur Orientierung dienen mag.

Alle diese Anweisungen haben *Empfehlungscharakter*, sollten aber vor allem zu Anfang ausnahmslos beherzigt werden. Nach regelmäßiger Praxis können Sie sie nach eigener Maßgabe ergänzen und abändern. Mit steigender Visualisationskraft und Tattwa-Trance-Beherrschung werden Sie diese Hilfsmittel nach einer Weile nicht mehr benötigen und können auch ohne die Karten selbst arbeiten, ja sogar während einer langweiligen Straßenbahnfahrt! Doch bis dahin sollten Sie sich erst die entsprechenden Grundlagen aneignen und stets so präzise und sorgfältig wie möglich arbeiten. Sie werden schon bald merken, daß die Sache selbst sehr einfach ist und daß das, was sich jetzt vielleicht noch ein wenig kompliziert anhören mag, Ihnen schnell in Fleisch und Blut übergehen wird.

Die Unter-Tattwas

Es gibt übrigens ferner noch sogenannte *Unter-Tattwas* (auch *Misch-Tattwas*). Mit diesen wollen wir uns erst im 9. Kapitel befassen, da sie für die Arbeit am Anfang nicht erforderlich sind und ohnehin nur eine untergeordnete Rolle spielen. Da dieses Kapitel jedoch speziell für das spätere Nachschlagen konzipiert wurde, sollen hier der Vollständigkeit halber ihre Symbole aufgeführt werden. Sie sind in den Farbtafeln jedoch bewußt nicht enthalten und sollten bei Bedarf selbst angefertigt werden.

Die Bildsymbole der Unter-Tattwas mit ihren Farben:

Unter-Element	Symbol/Farbe
Erde von Erde	gelbes Quadrat (= wie Haupt-Tattwa)
Erde von Wasser	gelbes Quadrat in silberner Mondsichel

Erde von Feuer	gelbes Quadrat in rotem Dreieck
Erde von Luft	gelbes Quadrat in hellblauem Kreis
Erde von Äther	gelbes Quadrat in violettem Ei

Wasser von Wasser	silberne Mondsichel (= wie Haupt-Tattwa)
Wasser von Erde	silberne Mondsichel in gelbem Dreieck
Wasser von Feuer	silberne Mondsichel in rotem Dreieck
Wasser von Luft	silberne Mondsichel in hellblauem Kreis
Wasser von Äther	silberne Mondsichel in violettem Ei

Feuer von Feuer	rotes Dreieck (= wie Haupt-Tattwa)
Feuer von Erde	rotes Dreieck in gelbem Quadrat
Feuer von Wasser	rotes Dreieck in silberner Mondsichel
Feuer von Luft	rotes Dreieck in hellblauem Kreis
Feuer von Äther	rotes Dreieck in violettem Ei

Luft von Luft	hellblauer Kreis (= wie Haupt-Tattwa)
Luft von Erde	hellblauer Kreis in gelbem Quadrat
Luft von Wasser	hellblauer Kreis in silberner Mondsichel
Luft von Feuer	hellblauer Kreis in rotem Dreieck
Luft von Äther	hellblauer Kreis in violettem Ei

Äther von Äther	violettes Ei (= wie Haupt-Tattwa)
Äther von Erde	violettes Ei in gelbem Quadrat
Äther von Wasser	violettes Ei in silberner Sichel
Äther von Feuer	violettes Ei in rotem Dreieck
Äther von Luft	violettes Ei in hellblauem Kreis

(Die »Komplementärfarben« entsprechen denen der Haupt-Tattwas, natürlich gemischt entsprechend den Symbolen. Zur Veranschaulichung finden Sie die Unter-Tattwas in der Abbildung 2 in ihrer kombinierten Form wiedergegeben.)

Die folgende »Checkliste« gibt in geraffter Form die einzelnen Punkte des *technischen Vorgehens* wieder. Manche davon werden erst später im Buch ausführlicher besprochen. Wenn Sie das Buch durchgearbeitet haben, werden Sie diese Liste als recht nützlich empfinden, da sie hilft, Ihre Arbeit effizient zu strukturieren und Flüchtigkeitsfehler zu vermeiden.

Checkliste für die Tattwa-Arbeit

- Für Ruhe sorgen; ungestörtes Arbeiten gewährleisten
- Karten bereitlegen
- passende Sitzgelegenheit und Tisch bereitstellen
- Tattwa-Karte auswählen und aufstellen
- Brillen, Kontaktlinsen und Hörgeräte abnehmen
- Beleuchtung regulieren
- Aufnahmegerät überprüfen und bereitstellen
- (bei Arbeit mit anderen) einleitendes Gespräch führen
- kurze Meditation
- Tiefenentspannung
- Öffnen der Augen, Betrachten/«Anstarren« des Symbols
- Schließen der Augen
- Wahrnehmung des Symbols mit geschlossenen Augen in seiner Komplementärfarbe
- Durchtritt durch das Symbol

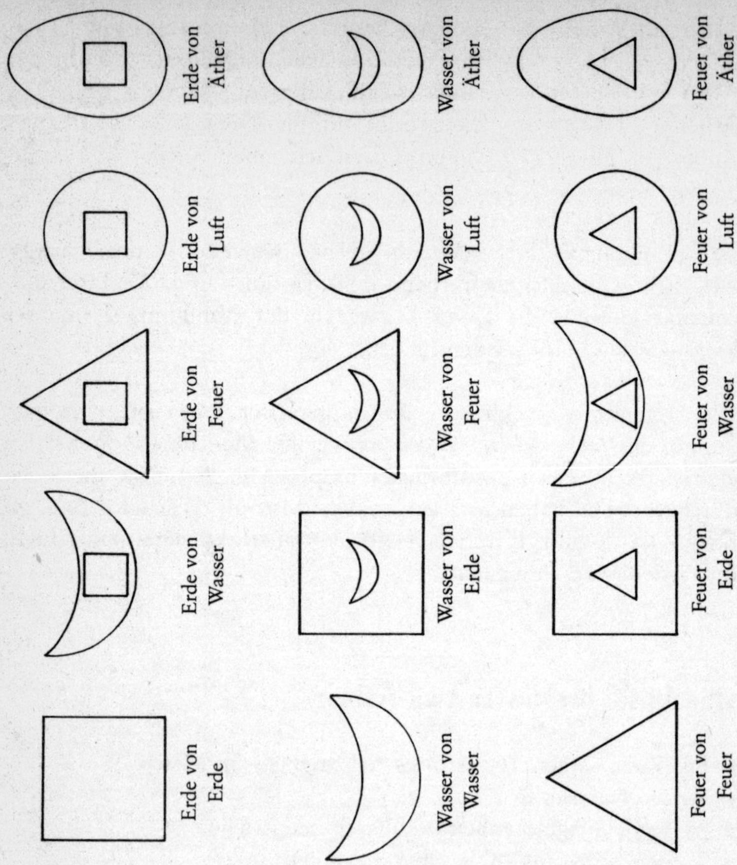

Abb. 2:
Die Unter-Tattwas

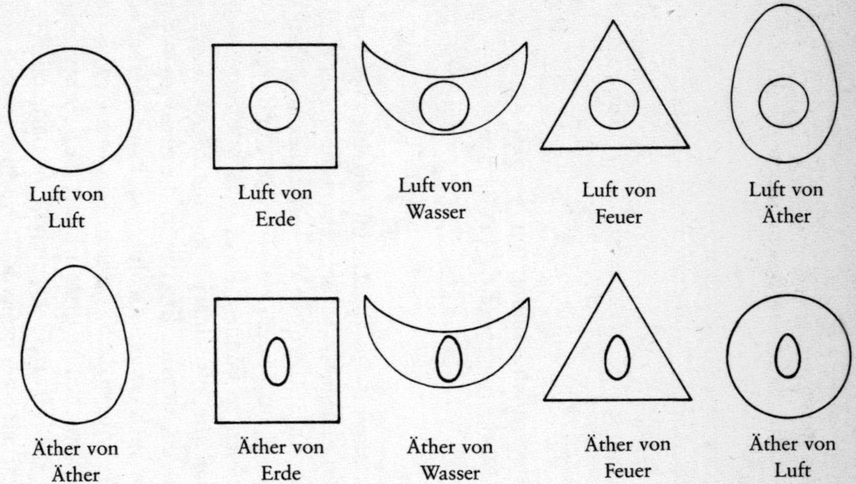
Luft von Luft
Luft von Erde
Luft von Wasser
Luft von Feuer
Luft von Äther
Äther von Äther
Äther von Erde
Äther von Wasser
Äther von Feuer
Äther von Luft

- Einschalten des Aufnahmegeräts
- Beginn der eigentlichen Reise
- (während der Reise) laute, deutliche Beschreibung des Erlebten und Wahrgenommenen
- Rückkehr auf demselben Weg bis zum Symboltor
- (am Symboltor) kurzer Abschied von der Tattwa-Sphäre
- Durchtritt durch das Symbol
- Strecken der Glieder und leichte Massage der Arm-, Rumpf- und Beinmuskeln
- Öffnen der Augen
- Rekapitulieren des Erlebten/Anfertigung von Notizen
- Nachbereitung und Verarbeitung des Erlebten

Als nächstes werden wir uns mit den Tattwas im einzelnen befassen. Dabei geben wir zu Anfang, dem Nachschlagecharakter dieses Kapitels entsprechend, in kurzen Stichworten die wesentlichsten Merkmale wieder, um sie danach ausführlich zu erläutern. Um diese Ausführungen richtig einordnen zu können, ist es jedoch wichtig, sich vor Augen zu halten, daß wir uns zunächst auf die *allgemeine Elementstruktur* konzentrieren müssen. Erst wenn die Struktur nicht nur verstanden, sondern auch *erfahren* worden ist, kann überhaupt an eine echte Tattwa-*Therapie* gedacht werden. Denn im Gegensatz zur analytischen, materialistischen Medizin arbeitet die ganzheitliche Heilkunde, zu der sich die Tattwa-Therapie zählen darf, mit *Gesamtkomplexen* und nicht mit einer isolierten Betrachtungsweise von Erkrankungen und anderen gesundheitlichen Problemen. Mit anderen Worten: Wir werden in diesem Buch zwar auch vereinzelt Hinweise dafür geben, welche Erkrankungen sich erfahrungsgemäß durch welche Tattwa-Arbeit am schnellsten und wirkungsvollsten behandeln lassen, doch sollten Sie keine Patentrezepte und starre Listen erwarten, mit deren Hilfe Sie eine Behandlung »abhaken« können. Wir werden im fünften und im sechsten Kapitel noch näher auf die eigentlichen Grundlagen des therapeutischen Gebrauchs der Tattwa-Reise eingehen. Zunächst einmal müssen wir uns jedoch einen möglichst umfassenden Überblick über die Element-Analogien verschaffen.

Das Erd-Tattwa

Symbol: gelbes Quadrat
Komplementärfarbe: violett
Stichworte: die Struktur, das Konkrete, das Faßbare; Realität; Materie; Disziplin; Konzentration.

Alles Konkrete, Greifbare und fest Strukturierte wird dem Erd-Tattwa zugeordnet. Auch im Abstrakten finden wir das Element Erde vertreten, etwa in der Starrheit des Denkens, aber auch in seiner Anschaulichkeit. Dogmen gehören ebenso dazu wie das Körperliche, scharf und eindeutig Umrissene.

Das Prinzip des Materiellen und der materiellen Absicherung ist ein herausragendes Merkmal des Elements Erde. Hier sucht der Mensch nach Festigkeit, nach klaren, eindeutigen Positionen und nach Berechenbarkeit im Alltagsleben. Auch mit »Erdverbundenheit« hat dieses Tattwa zu tun, mit der Beziehung zur Natur und zur Gesundheit überhaupt. Durchhaltevermögen, Widerstandskraft und Zähigkeit sind diesem Bereich ebenso zuzuordnen wie seelische Stabilität und Realitätssinn.

Der Zustand der Sphäre des persönlichen Erd-Tattwas sagt etwas darüber aus, wie gut (oder schlecht) ein Mensch mit den realen Anforderungen des Lebens zurechtkommt, von seinen beruflichen und familiären Pflichten bis zum Verhältnis zu seinem Körper, zu »irdischen« Genüssen und zur Selbstdisziplin. Ist das Erd-Tattwa gestört, so ist dies meist ein Hinweis darauf, daß die Grundbedürfnisse und -anforderungen des Lebens nicht befriedigt oder als solche erkannt und respektiert werden. Übertriebene Askese, Schuldgefühle, mangelhafte Verarbeitung der Vergangenheit, Unfähigkeit zum inneren wie äußeren Loslassen, Verspannungen und seelische und körperliche Verkalkung sind meistens in der Symbolwelt des Erd-Tattwas zu finden – und lassen sich auch in dieser bearbeiten.

Das Erd-Tattwa gibt ferner Aufschluß darüber, in welchem Umfang die Realität als Herausforderung oder als Bedrohung empfunden beziehungsweise wahrgenommen wird. Das Element Erde ist die Sphäre der *Selbstbehauptung durch Selbstwertgefühl* und der Zielstrebigkeit. Der Umgang mit Hindernissen und Widerständen wird in dieser Symbolwelt auf sehr plastische Weise offenbar, vor allem deshalb, weil diese Hindernisse und Widerstände selbst dort meist in deutlicher, ja oft sogar geradezu krasser Form sichtbar werden. Wie dies geschieht, werden wir in späteren Kapiteln noch ausführlicher behandeln.

Das Wasser-Tattwa

Symbol: silberne Mondsichel
Komplementärfarbe: grau
Stichworte: das Fließende, das Weiche, das Nachgiebige; Intuition; Rhythmik; Sensibilität.

Wie die Stichworte schon nahelegen, ist die Symbolwelt des Wasser-Tattwas schwerpunktmäßig für das Gefühlsleben und all das verantwortlich, was heutzutage zu Unrecht etwas abfällig als »das Irrationale« bezeichnet wird. Hier sind die Emotionen ebenso zu Hause wie die unterschwellige, feinstoffliche Wahrnehmung unserer Instinkte. Das individuelle Wasser-Tattwa zeigt somit den Zustand unseres Gefühlshaushalts an, unsere intuitiven Fähigkeiten – sowie natürlich auch ihre eventuellen Blockaden. Hier zeigt sich, wie frei und unfrei wir in unserem Fühlen und Empfinden sind, wie wir die Energien unserer Emotionen lenken und auf welche Weise wir den Gefühlen anderer begegnen. Deshalb ist hier auch die Ebene der Partnerschaft und ihrer Probleme zu finden.

Eine gestörte Wasser-Tattwa-Welt zeigt auch Störungen des Gefühlslebens an. Wer seine Gefühle unterdrückt, in seinen Gefühlsäußerungen gehemmt ist oder sich gar vor ihnen fürchtet, der wird hier den meisten Hindernissen und Widerständen begegnen. Möglicherweise geht dies sogar so weit, daß er große Schwierigkeiten damit hat, in diese Symbolwelt überhaupt einzudringen.

Intuitiv begabte Menschen werden mit der Wasser-Tattwa-Sphäre in der Regel am besten zurechtkommen. Hier lassen sich auch Träume verarbeiten oder sogar inkubieren. Andererseits findet sich hier auch das Verhältnis zur Rhythmik des Lebens, von den hormonellen Körperrhythmen (wie etwa dem Menstruationszyklus der Frau) bis zu den differenzierten Faktoren des Biorhythmus (intellektueller, körperlicher und seelischer Unter-Rhythmus). Die Erfahrung des Wandels und der Vergänglichkeit, unser Umgang mit der Unbestimmbarkeit und Undeutlichkeit etwa auch der Symbole, die Fähigkeit zu unterschwelligem Wahrnehmen und Verstehen sind hier angesiedelt. Stimmungen werden meist im Wasser-Tattwa angezeigt, ebenso die tieferen Ursachen für Depressionen, allgemeine Niedergeschlagenheit und Ängste, teilweise auch Phobien und Neurosen.

Wie kein zweites Element dient das Wasser auch der äußeren wie inneren Reinigung. Hier können Blockaden im wahrsten Sinne des Wortes »fortgespült« werden, wenn sie erst einmal erkannt und besiegt wurden.

Das Feuer-Tattwa

Symbol: rotes Dreieck
Komplementärfarbe: grün
Stichworte: der Trieb, die Willenskraft, die Durchsetzung; Kraft; Aggression; Gewalt.

Wille und Triebleben sind in der Sphäre des Feuer-Tattwas zu Hause. Wo das Element Erde die beständige Durchsetzung der eigenen Persönlichkeit verkörpert, eignen dem Feuer der Expansionsdrang und die aggressive, kämpferische Selbstbehauptung. Mut und Selbstsicherheit, aber auch eine gewisse Überheblichkeit und der manchmal fehlgeleitete Glaube an die eigene Unverwundbarkeit gehören hierher und zeigen sich in der persönlichen Symbolik dieser Ebene.

Wo das Wasser eher die empfangende, passive *Wahrnehmung* anzeigt, stellt das Feuer-Tattwa das *Handeln* dar, nicht selten auch den blinden Aktionismus, also das vorschnelle, unüberlegte Tun um seiner selbst willen. Feuer zeigt aber auch die körperliche und seelische Anstrengung an, das Bedürfnis, Grenzen mit Gewalt zu überwinden.

Spätestens seit den Erkenntnissen und Thesen Sigmund Freuds wissen wir, daß die Sexualität im Seelenleben des Menschen eine herausragende Rolle spielt und für mancherlei pathogene Störungen verantwortlich zeichnet. Mag sein, daß Freud einiges überspitzt oder zu einseitig gesehen und dargestellt hat, dennoch haben sich seine Grundannahmen weitgehend bestätigt. Wir brauchen jedoch kein Freudianer zu sein, um zu erkennen, daß die Sexualität in der Sphäre des Feuer-Tattwas beheimatet ist – zumindest in ihren aktiven, körperlichen und triebhaften Aspekten. (Auf die Notwendigkeit, die Elementzuordnungen von Fall zu Fall zu differenzieren, werden wir noch ausführlich eingehen.)

Schließlich sei noch die *Dynamik* erwähnt, für die das Feuer-Tattwa steht.

Das Luft-Tattwa

Symbol: hellblauer Kreis
Komplementärfarbe: orange
Stichworte: die Verbindung, die Kommunikation, das Erkennen; Intellekt; Unterscheidungsvermögen; Sprache.

Zum Luft-Element werden sämtliche denkerischen Vorgänge gezählt, ebenso die Vernunft und Ratio, das analytische Denken und die wissenschaftliche Methodik. Beim Menschen wird dabei freilich oft übersehen, daß dahinter der Wunsch nach einer verstandesmäßig erkannten *Ordnung* steht. Unser Verstand hat sich zu einer Vorherrschaft verstiegen, wie sie früheren Epochen fremd war und wie sie sich soeben unter anderem auf dem Gebiet der Ökologie als verheerend herausstellt, das ist wohl wahr; auch wird nach wie vor ständig gegen den Grundsatz verstoßen, daß der Verstand *Diener* sein sollte, aber nicht Herr. Dennoch ist es gerade das Denken, das den Menschen vom Tier unterscheidet, ja was ihm überhaupt erst die Vorherrschaft über den Rest der irdischen Schöpfung beschert hat.

Diese Formel selbst ist nicht neu, wir finden sie auch in solch allgemeinen Gleichungen wie »Wissen ist Macht« widergespiegelt. Tatsächlich steht dahinter jedoch noch eine viel tiefergehende Erkenntnis. Denn wenn *Denken* zur Macht führt, so ist es nur naheliegend, daß unsere Gedanken Kräfte sind, die zu handhaben besonderer Fertigkeiten bedarf. Auch dies ist schon seit Jahrtausenden bekannt. Spinnen wie diesen Gedanken einmal weiter: Wenn wir die Formel »Denken = Macht« akzeptieren, so ist es nur noch ein weiterer logischer Schritt zu der Schlußfolgerung: »Weltanschauung = Krankheit / Gesundheit«! Dies wird jeder psychologisch versierte Mediziner jederzeit bestätigen: Wenn ein Kranker eine falsche, also lebensverneinende geistige Einstellung hat, wird seine biologische Genesung stark behindert, wenn nicht sogar verunmöglicht.

Andererseits hängt ein nicht unbeträchtlicher Teil psychosomatischer Leiden mit einer gewissen *Kommunikationsunfähigkeit* (= Blockade des Luftprinzips) zusammen. Die Zusammenhänge zwischen Denken und Erkrankung sind leider noch lange nicht in zufriedenstellendem Ausmaß erforscht worden, und so können wir uns hier nur zaghaft auf Neuland bewegen, das sicherlich noch manch trügerische Falle offenbaren wird. Dennoch läßt sich mit einiger Sicherheit feststellen, daß die Kommunikationsfähigkeit für einen Zustand der Gesundheit ebenso wichtig ist wie die biologisch-körperliche Intaktheit der Organe und die Fähigkeit, die Welt *bewußt* wahrzunehmen.

Das Luft-Prinzip beherrscht das Erkennen von strukturalen Zusammenhängen ebenso, wie es uns oft sehr abstruse (und falsche) »Erklärungen« erfindet. Da es selbst kaum Struktur besitzt, »klammert« es sich nur zu gern an bestehende Gerüste, die ihm Festigkeit verleihen – freilich ohne allzu lange wirklich an ihnen zu hängen. Die in der einschlägigen Literatur oft zu findende Behauptung, *Luft* führe zur Verkopfung, ist meiner Ansicht nach grundfalsch und verkennt die eigentliche Wirkungsweise dieses Prinzips. Denn nicht die Luft ist starr und unbeweglich, sondern die Erde. Wenn wir also von Verkopfung sprechen, so meinen wir damit in Wirklichkeit eine Art »Verdung« des Luft-Prinzips. Leider wird nur selten darauf hingewiesen, daß sich das Element Luft nur zu oft und allzu gern dem Erd-Element regelrecht unterwirft, um Struktur anzunehmen. Wenn der Verstand (= Luft) nach sogenannten festen Regeln sucht, so ist dies nämlich eine *erdhafte* Tätigkeit! Andererseits muß man natürlich sehen, daß das Erkennen von Grundstrukturen durchaus eine Funktion des Luftelements darstellt. Um es mit einem Beispiel zu veranschaulichen: Als Einstein feststellte, daß die Geschwindigkeit des Lichts innerhalb des uns bekannten Universums eine Konstante darstellt, war dies ein »Luft«-Akt. Die Ableitung jedoch, daß die Lichtgeschwindigkeit (etwas vereinfacht dargestellt) die höchste jemals erreichbare Geschwindigkeit sei, war eine erdhafte *Fest*-Stellung. Gerade weil das Luft-Prinzip so flüchtig ist, unterliegt es auch stets dem Reiz des Beständigen und »flüchtet« sich manchmal geradezu ins Festgelegte.

Im pathologischen Bereich finden wir Störungen des Luft-Elements offensichtlich in der Schizophrenie widergespiegelt, aber auch in Hirnschäden und Störungen der Atmungsorgane. (Vergessen wir nicht, daß das Atmen unseren Kontakt zur Außenwelt »Nummer eins« darstellt!) Etwas subtiler aufzuspüren sind Luft-Faktoren wie die Unbeständigkeit der Vernunft, etwa bei einem Raucher, der sich jahrelang jeden zweiten Tag vornimmt, das Rauchen aufzugeben, ohne diesen Vorsatz jedoch jemals in die Tat umzusetzen. Umgekehrt erliegt der fanatische Nichtraucher, der alle Raucher am liebsten in irgendwelche Lager eingesperrt oder sonstwie bestraft wissen will, keineswegs unbedingt einer rein rationalen Erkenntnis – diese schiebt er vielmehr lediglich vor, um seinem eigenen Luft-Element wenigstens die Illusion der Festigkeit und Unumstößlichkeit zu verleihen. Eine Illustration dafür ist die Tatsache, daß schon mancher vom Saulus zum Paulus wurde – daß er also von einem Luft-Extrem ins andere verfiel!

Das Äther-Tattwa

Symbol: violettes Ei
Komplementärfarbe: bernstein
Stichworte: die (Lebens-)Weisheit, die Erfahrung, das Geistige; Transpersonales; Ideale; Archetypen.

Das *kollektive Unbewußte* gehört ebenso zum Äther-Tattwa wie das Unbenennbare, über das die Mystiker stets nur stammeln können. Äther ist Geist und steht in der Mitte unseres Elementkreises (s. *Abbildung 1*), ist aber gleichzeitig in allen Elementen gegenwärtig, durchdringt und gebiert sie. Der Äther ist das alte Element der *Fortpflanzung des Wissens*, er wurde beispielsweise im Christentum dem Heiligen Geist oder dem Odem Gottes gleichgesetzt, für viele Kernphysiker von heute ist er das »Medium«, das die Übertragung von *Information* im Weltall möglich macht – und zwar in Nullzeit! Dieses Element läßt sich von allen am schwierigsten in Worte fassen und beschreiben, ohne es dabei zu verflachen. Wiewohl jeder Mystiker frohlocken mag, wenn er von diesem Element hört, ist daran doch sehr wenig Geheimnisvolles, denn jeder Mensch kennt es in der einen oder anderen Form. Das Problem besteht darin, es erstens in seinen verschiedenen Manifestationsformen wiederzuerkennen und es zweitens nicht mit dem Element Luft zu verwechseln, was nämlich oft geschieht.

Man braucht kein religiöser Mensch zu sein, um an das Element Äther zu »glauben«. Wir können in ihm auch das Kollektive und Transpersonale sehen, das uns als Herdentier immer wieder beeinflußt: von unserer biologischen Bedingtheit bis zu jenen frühevolutionären instinktiven Verhaltensmustern, wie sie durch unser Stammhirn bestimmt werden. Aber Äther ist auch noch mehr, er kennzeichnet die Ideale, nach denen wir leben – sofern es »Ideale des Herzens« oder des Gefühls sind. Ist dem nicht so, handelt es sich bei den Idealen eher um das Element Luft. Das Erkennen der Transzendenz, jener das Individuelle überschreitenden Seinssphäre, eben all das, was die deutsche Sprache mit dem Wort »Geist« (*nicht* im Sinne von Intellekt oder Vernunft) verbindet, gehört ebenso zum Äther wie die Schicksals- oder Bestimmungsfindung, die Suche nach dem Sinn des Lebens und nach dem, was die Welt »im Innersten zusammenhält«.

Diese transpersonalen Faktoren werden von der Schulmedizin oft unterschätzt. Tatsächlich hängen sie jedoch eng mit dem »Lebensmut« eines Patienten zusammen – und wenn dieser nicht mehr gegeben ist, nützt auf Dauer selbst ein noch so ausgeprägter Durchhaltewillen nichts mehr. Die Suche nach dem Sinn des Lebens ist in unserer Epoche immer mehr bespöttelt worden, was angesichts der in zwei Weltkriegen auf grauenhafte Weise zerstörten Ideale auch nicht weiter verwunderlich ist. Skeptizismus, Nihilismus und eine allgemeine Verzweiflung waren und sind immer noch die Folge. Sicherlich ist auch ein falscher Umgang mit Idealen und Utopien eine der Ursachen für diese Ernüchterung. Das Element Äther lehrt uns, Lebensziele (auch gesundheitliche) auf *unsentimentale* Weise zu betrachten, sie also nicht im schlechten Sinne zu »idealisieren«. Allzuleicht müssen unsere Ideale als reine Ersatzbefriedigung herhalten, sind sie lediglich Kompensation für Mängel und Unzufriedenheiten. Das ist ein grundfalscher und, vor allem, lebenzerstörender Ansatz, der nicht selten die wahre Ursache für zahlreiche psychosomatisch bedingte Erkrankungen ist. Wir dürfen unsere Ideale ebensowenig überfordern wie uns selbst, wir müssen ihnen mit Achtung, aber nicht mit übertriebener Ehrfurcht begegnen und sie realistisch einschätzen. Denn eine positive Utopie ist ein nicht endender Weg, ein Ideal, dem man in dem vollen Bewußtsein nachstrebt, es niemals wirklich erreichen zu können. Hier ist der Weg im wahrsten Sinne des Wortes das Ziel!

Die Verwechslung der beiden Elemente Äther und Luft ist, wir erwähnten es schon, relativ häufig zu beobachten. Dies ist freilich oft ein Indiz dafür, daß auch nicht zwischen *Weisheit* und *Wissen* unterschieden wird. Denken, Vernunft (Ratio) und Faktenwissen, analytische Forschung – all dies ist dem Luft-Tattwa zugehörig, ohne jedoch mit dem Äther-Prinzip zusammenzuhängen. Diese Unterscheidung ist sehr wichtig, weil wir sonst nicht wirkungsvoll mit dem Äther-Tattwa arbeiten können.

Häufig begegnen uns in der Welt des Äther-Tattwas archetypische Weisheitsgestalten, die den Charakter von Seelenführern haben, ja sogar wie Schutzgottheiten wirken können und eventuell tatsächlich als solche fungieren, etwa indem sie uns vor drohenden Gefahren warnen und uns Ratschläge erteilen, wie wir unser Leben auf konstruktive Weise gestalten können. Das weist der Ebene des Äther-Tattwas auch die paranormalen oder Psi-Fähigkeiten zu, mit denen sich die Parapsychologie befaßt. In der Tat können wir durch die Arbeit am Äther-Tattwa unsere Para-Fähigkeiten erheblich schärfen und erweitern, wobei sie sich allerdings vor allem auf der Ebene des Wasser-Tattwas (Vision, Intuition, Vorahnungen und so weiter) ausdrücken.

Es dürfte wohl selbstverständlich sein, daß die obigen Ausführungen keinen Anspruch auf Vollständigkeit erheben können. Ihr Wert besteht eher in einem allgemeinen Überblick, der die Grundstrukturen jedes einzelnen Elements wiedergibt; diese Grundstrukturen lassen sich durch ein induktives Vorgehen erweitern und erhellen. Grundlage dafür sind aber *Praxis* und Erfahrung. Im folgenden Kapitel werden wir uns mit den technischen Feinheiten der Tattwa-Reise selbst befassen.

3. Kapitel

Einstieg in die Tattwa-Reise

Die Grundprinzipien

Im letzten Kapitel haben wir bereits die Grundtechniken der Tattwa-Arbeit besprochen. Nun wollen wir ausführlicher die Einzelheiten untersuchen, wobei wir auf Wiederholungen weitgehend verzichten werden, wo diese sich vermeiden lassen. Manches wird freilich bewußt noch einmal ins Gedächtnis gerufen und genauer begründet.

Grundsätzlich zählt die Arbeit mit den Tattwas zum weiten Gebiet der *Trance-* oder *Geistreise-*Techniken. Unter einer *Trance* wollen wir im folgenden einen veränderten Bewußtseinszustand verstehen, bei dem die Willensfreiheit des Reisenden erhalten bleibt und seine Entscheidungsfähigkeit nicht beeinträchtigt wird. Diese Trance hat nichts mit der sogenannten hypnotischen Volltrance zu tun, bei der der Klient nicht mehr bei Bewußtsein ist und sich auch hinterher überhaupt nicht mehr oder nur bruchstückhaft an seine Erlebnisse erinnert. Eine solche Volltrance ist bei der Tattwa-Arbeit sogar ausgesprochen unerwünscht, wie aus dem folgenden noch hervorgehen wird. (Einige Anmerkungen zum Gebrauch der Hypnose im Zusammenhang mit der Tattwa-Therapie finden Sie im 6. Kapitel.)

Wie wird nun der gewünschte veränderte Bewußtseinszustand, die Trance also, erreicht? Wir bedienen uns dabei einer etwas abgewandelten Technik aus dem Autogenen Training, die auch in viele andere Systeme bereits Einzug gehalten hat, nämlich der *Tiefenentspannung*. Für den Fall, daß Sie mit der Tiefenentspannung nicht vertraut sein sollten, wird sie gleich noch in knapper Form kurz geschildert. Wenn Sie diese Technik bereits kennen, brauchen Sie diesen Abschnitt nur zu überfliegen.

Bevor wir mit der Tattwa-Reise beginnen können, müssen jedoch einige Vorbereitungen getroffen werden. Wenngleich viele davon eigentlich selbstverständlich sein dürften, sollen sie hier doch der Vollständigkeit halber kurz erläutert werden.

Das erste Gebot für eine erfolgreiche Tattwa-Reise ist *Ruhe*. Eine Sitzung dauert in der Regel einschließlich Tiefenentspannung zwischen vierzig Minuten und eineinhalb Stunden. Deshalb sollten Sie das Telefon aushängen, die Klingel abstellen und überhaupt alles tun, was mögliche Störungen verhindern könnte. Die Tattwa-Reise verlangt zwar nicht so sehr nach Konzentration, da die Bilder schon für sich die Aufmerksamkeit des Reisenden an sich fesseln; sie braucht aber doch eine ruhige Umgebung mit einem Minimum an Fremdreizen. Dies gilt vor allem für den Anfänger, der noch nicht viel Übung hat. Später werden Sie Tattwa-Reisen sogar bei laufendem Fernsehgerät oder in einem lauten Bahnhofswartesaal durchführen können, wenn Sie erst einmal über die entsprechende Erfahrung verfügen! Unabdingbar aber sind Ungestörtheit und Ruhe für die therapeutische Sitzung. Gleich ob Sie sich mit Hilfe der Tattwas selbst heilen oder ob Sie den Heilungsprozeß anderer durch eine Tattwa-Reise fördern helfen – auf jeden Fall sollte dies in einer ruhigen, möglichst harmonischen Umgebung geschehen.

Es bedarf wohl keiner besonderen Erläuterung, daß Sie die gewünschte *Tattwa-Karte* bereits *vor* Beginn der Sitzung auswählen und aufstellen.

Es wurde bereits erwähnt, daß in der Regel im Sitzen gearbeitet wird, und zwar mit möglichst geradem Rücken, aber doch in bequemer Körperhaltung. Nun mag man einwenden, daß eine sitzende Haltung der Tiefenentspannung eher abträglich sei. Tatsächlich fühlen die meisten Menschen sich entspannter, wenn sie auf dem Rücken liegen. Andererseits birgt dies jedoch die Gefahr des Einschlafens und des Abgleitens in eine übergroße Passivität. Beides ist bei der Tattwa-Reise unerwünscht, da die aktive Beteiligung des Reisenden eines ihrer wesentlichen Grundprinzipien ist. Die Erfahrung hat gezeigt, daß der Eintritt in die Tattwa-Welt den meisten Menschen im Sitzen erheblich leichter fällt. Wenn Sie wollen, können Sie natürlich auch experimentieren. Die sitzende Stellung hat aber zusätzlich noch den Vorteil, daß die Tattwa-Karte aufgestellt werden kann und nicht mehr bewegt werden muß. Vor allem bei der angeleiteten Tattwa-Reise muß der Tattwa-Leiter dem Klienten sonst, wenn dieser nämlich liegt, die Karte eine ganze Weile vor die Augen halten. Dies strengt nicht nur an, auch ein gewisses Zittern und Schwanken ist dabei nicht zu vermeiden, es sei denn, man baut sich ein kompliziertes Gerüst, mit dem man die Karte in der richtigen Entfernung über das Gesicht des Klienten befördert und dort ruhen läßt.

Das *Aufstellen* der Tattwa-Karte wurde bereits im vorhergehenden Kapitel ausführlich genug beschrieben. Es gibt keine feste Regel, in welchem Abstand die Karte aufgestellt werden muß, dieser läßt sich je nach Sehschärfe des Reisenden variieren.

Auch die Notwendigkeit des Abnehmens von Brillen, Kontaktlinsen und eventuell Hörgeräten wurde bereits erwähnt. Diese Empfehlung hat mehrere Gründe: Zum einen erweisen sich solche Sinneshilfen in entspanntem Zustand oft als störend und ablenkend. Da mit geschlossenen Augen gearbeitet wird, kann das Tragen von Kontaktlinsen sogar ausgesprochen schädlich sein. Zum anderen aber, und das ist vielleicht noch viel wichtiger, nimmt das Abnehmen dieser Gegenstände dem Reisenden etwas von der Hemmung, er könnte dabei »versagen«, das gewünschte Tattwa-Symbol hinreichend zu visualisieren; denn obwohl die Tattwa-Karte lange Zeit betrachtet, ja angestarrt wird, findet die Reise selbst doch mit geschlossenen Augen statt. Die physischen Wahrnehmungsorgane sind dafür nicht erforderlich. Wir werden weiter unten noch näher auf den eigentlichen Wahrnehmungsmechanismus bei der Tattwa-Arbeit eingehen.

Erst wenn der Reisende zumindest probehalber Platz genommen hat, läßt sich die *Beleuchtung* optimal regulieren. Dazu wurde im 2. Kapitel bereits alles Erforderliche erwähnt.

Auf jeden Fall sollten Sie, wann immer möglich, eine *Tonaufzeichnung* der Tattwa-Reise gewährleisten. Auch dafür gibt es gleich mehrere Gründe: Zum einen zwingt das laute Beschreiben des Wahrgenommenen den Reisenden dazu, seine Wahrnehmung zu präzisieren, sie wird dadurch plastischer und wirkungsvoller. Zum zweiten wird auf diese Weise ein Abdriften in einen Dämmerzustand oder gar in den Schlaf vermieden. Drittens verankert die akustische Beschreibung die Erfahrung stärker im Gedächtnis. Und schließlich gewährleistet die Tonaufzeichnung die Möglichkeit einer gründlichen Nachbereitung. Sollten Sie aus technischen oder sonstigen Gründen keine Tonaufzeichnung durchführen können, muß das Erlebte unmittelbar nach Beendigung der Reise möglichst ausführlich in schriftlicher Form festgehalten werden. Eine Tonaufzeichnung ist dennoch stets vorzuziehen. Denn sie verläuft in »Echtzeit«, Pausen werden beim späteren Abhören real wiedererlebt, die ganze Stimmung und Atmosphäre wird für das Gedächtnis »gerettet«, und es gehen auch keine Einzelheiten verloren. Auch wenn Sie allein arbeiten, sollten Sie stets auf eine gesprochene Beschreibung achten.

Auf das einleitende Gespräch, das der Tattwa-Leiter zu Beginn der Sitzung mit dem Klienten führt, wird weiter unten in einem eigenen Abschnitt über die angeleitete Tattwa-Reise noch eingegangen.

Nun beginnt der Reisende mit einer kurzen Meditation, in der er sich auf die bevorstehende Arbeit konzentriert, die Atmung beruhigt und ablenkende Alltagsgedanken verbannt.

Als nächstes folgt die *Tiefenentspannung*. Wenn Sie schon mit dieser Technik vertraut sein sollten oder andere Formulierungen gewöhnt sind, können Sie selbstverständlich auch diese verwenden. Allerdings ist auf die häufig verwendete Suggestion der Schwere zu verzichten (Ausnahme: bei übernervösen Typen), da diese erfahrungsgemäß die Passivität zu sehr fördert. Statt dessen ist es jedoch oft dienlich, eine wohlige Wärme zu suggerieren.

Die Tiefenentspannung

Die Atmung ist zunächst ruhig und tief, mit zunehmender Entspannung wird sie jedoch flacher und noch gelassener. Achten Sie einfach darauf, daß Sie nicht zu hektisch und fahrig atmen, das genügt bereits. Der Mund ist beim Atmen geschlossen, Ein- und Ausatmung erfolgen ausschließlich durch die Nase.

Nun beginnt die eigentliche Tiefenentspannung. Zuerst richten Sie Ihre Aufmerksamkeit auf Ihren linken Fuß. Sagen Sie im Geiste: »Mein linker Fuß ist entspannt und gelöst und warm.« Wiederholen Sie dies noch einmal. Dann folgt der rechte Fuß. Zum Schluß heißt es dann: »Meine beiden Füße sind entspannt und gelöst und warm.«

Auf ähnliche Weise verfahren Sie mit dem restlichen Körper, und zwar in folgender Reihenfolge:

- Unterschenkel
- Knie
- Oberschenkel

- ganzes Bein
- ganze Hand
- Unterarm
- Ellenbogen
- Oberarm
- ganzer Arm
- Geschlechtsorgane
- Unterleib
- Bauchdecke
- Brustkorb
- Schulter
- Halsmuskeln
- ganzer Rumpf
- Unterkiefer
- Mund
- Nase
- Augenlider
- Stirnhaut
- Hinterkopf
- ganzer Kopf
- ganzer Körper

Diese Liste ist so umfangreich und detailliert, weil gerade Anfänger (aber auch viele Fortgeschrittene) dazu neigen, einzelne Körperteile bei der Tiefenentspannung zu vernachlässigen, die es eigentlich ganz besonders »nötig« hätten: Knie, Geschlechtsorgane, Unterleib, Unterkiefer, Stirnhaut und Hinterkopf kommen oft zu kurz. Dennoch ist dies nicht die vollständige Tiefenentspannung, bei der nicht nur sämtliche Glieder (also auch Zehen und Finger), sondern sogar die inneren Organe, der Pulsschlag und so weiter beeinflußt werden. Für unsere Zwecke genügt diese Form jedoch vollauf.

Vermeiden Sie möglichst, während der Übung einzuschlafen. Mit etwas Praxis werden Sie sich an den leichten Dämmerzustand gewöhnen, der dennoch keine hypnotische Tiefentrance ist, weil Sie ja *bei vollem Bewußtsein* bleiben.

Nun öffnet der Tattwa-Reisende die Augen, und es folgt die *Betrachtung* des Tattwa-Symbols. Dabei werden die Augen möglichst weit geöffnet, doch sollte es zu keiner unerträglichen Spannung in der Lidhaut kommen. Genau genommen kommt dieses Betrachten des Tattwa-Symbols eher einem *Anstarren* nahe. Die Augenlider werden so lange unbeweglich gehalten, wie es nur geht, auch wenn die Augen etwas tränen sollten, was völlig unschädlich ist, solange man es nicht allzulange ausdehnt. Das Symbol wird dabei unter Umständen etwas verschwimmen und unscharf werden. Das ist das Zeichen, die Augen wieder zu schließen. Nun sollte das Tattwa-Symbol in seiner *Komplementärfarbe* wahrgenommen werden. (In den meisten Fällen geschieht dies durch die Reflektion der Netzhaut automatisch auf optischer Ebene, doch ist dies nicht immer so. Näheres zu diesem Thema weiter unten im Abschnitt »Die Wahrnehmung des Tattwa-Symbols«.)

Dieses in der Komplementärfarbe wahrgenommene Tattwa-Symbol dient als *Tor* zur jeweiligen Tattwa-Sphäre. Da es meistens recht flüchtig ist und schnell wieder verschwindet, ist vom Reisenden eine gewisse Geistesgegenwart gefordert: Er sollte möglichst sofort geistig *hindurchspringen*, bevor es wieder fort ist. Sollte dies nicht gelingen, werden die Augen wieder geöffnet, und das Starren beginnt von neuem. Der Durchtritt (oder der Sprung) durch das Symboltor wird häufig wie das Durchstoßen einer dünnen Membran erlebt. Doch sollten Sie sich nicht darauf konzentrieren, es auf diese Weise wahrzunehmen. Viel wichtiger ist es, daß Sie überhaupt hindurchkommen. In der Tattwa-Sphäre angelangt, verharren Sie zunächst einen Augenblick regungslos und nehmen alles wahr, was sich Ihnen zeigt.

Spätestens nach dem Durchtritt durch das Symbol sollte das Aufnahmegerät eingeschaltet werden. Wenn es Ihnen lieber ist, können Sie dies aber auch bereits vor Ihrer Tiefenentspannung tun, allerdings vergeuden Sie dabei eine Menge Band. Da die meisten Menschen es vorziehen, die ersten Reisen unter Anleitung durchzuführen, übernimmt der Tattwa-Leiter die Aufgabe des Einschaltens, wie auch später, bei Kassettengeräten, das Wechseln des Bands. Mit etwas Übung wird Sie diese kleine Handlung jedoch nicht mehr stören, sofern Sie erst einmal damit vertraut sind.

Nun beginnt die eigentliche Reise. Dazu werden wir weiter unten noch detaillierte Angaben machen. Wichtig ist vor allem, daß Sie laut und deutlich beschreiben, was Sie dabei wahrnehmen und erleben – das kann gar nicht oft genug betont werden!

Ist es Zeit, die Reise zu beenden, kehren Sie *auf demselben Weg* zum Tattwa-Tor zurück, den Sie in die Tattwa-Welt genommen haben. Dies ist von größter Wichtigkeit: Nicht nur wird die Erfahrung selbst dadurch stabilisiert, auch die symbol-logische Harmonie bleibt gewahrt, und Sie vermeiden jede Orientierungslosigkeit. Für spätere Besuche in dieselbe Sphäre prägen Sie sich auf diese Weise den Weg besser ein, und Sie gewährleisten zudem, daß nichts verdrängt wird, auch etwaige Hindernisse nicht.

Am Tor angekommen, nehmen Sie kurz Abschied von der bereisten Tattwa-Sphäre, dann treten Sie durch das Komplementärsymbol wieder zurück in die Alltagswelt. Dieses Abschiednehmen kann die Form einer kleinen Danksagung haben oder etwas Ähnliches. Es dient dazu, ein familiäreres Verhältnis zur eigenen Innenwelt zu gewinnen. Außerdem hat es eine Signalfunktion, indem es nämlich auf symbolische Weise einen *Abschluß* anzeigt und einen etwaigen Schock vermeidet, wie er leicht eintreten kann, wenn der Übergang von einer Welt in die andere allzu abrupt geschieht.

Bevor die Augen geöffnet werden, sollten Sie die Glieder strecken, Arm-, Rumpf- und Beinmuskeln leicht massieren und so weiter. Je länger die Sitzung gedauert hat, um so willkommener wird Ihnen dies sein! Auch dies bereitet den Körper auf *schonungsvolle* Weise auf den Übergang in die Alltagsrealität vor.

Nun kann der Reisende die Augen endlich öffnen. Das Erlebte wird kurz noch einmal im Gedächtnis durchgegangen, Notizen werden angefertigt, bei einer angeleiteten Reise wird die Erfahrung mit dem Tattwa-Leiter durchgesprochen. Auf all diese Dinge werden wir am geeigneten Ort noch ausführlicher eingehen, ebenso auf die Nachbereitung und die intensive Verarbeitung des Erfahrenen.

Die Wahrnehmung des Tattwa-Symbols beim Eintritt in die Tattwa-Sphäre

Die Tattwa-Karten sind optische Sehhilfen. Durch ihr Betrachten wird auf der Netzhaut bei den meisten Menschen nach dem Schließen der Augen ihr Komplementärbild wahrgenommen. Auch dieses Retina-Bild ist wiederum nur eine Hilfe und sollte nicht darüber hinwegtäuschen, daß der Einstieg in die Tattwa-Sphäre auch über andere Sinneskanäle möglich ist. So ist es beispielsweise keineswegs unbedingt erforderlich, das Komplementärbild vor dem inneren Auge zu sehen. Dies wird zwar in der Mehrzahl der Fälle so sein, doch gibt es Menschen, die visionsgehemmt oder sogar völlig visionsunfähig sind. Diesen konnte früher nicht geholfen werden: Weil es als Dogma galt, daß die Wahrnehmung bei der Tattwa-Reise unbedingt optischer Natur sein müsse, mußten die Betroffenen oft erst eine jahrelange Visionsschulung durchlaufen, bevor sie ihren ersten Tattwa-Eintritt »verbuchen« konnten.

Tatsächlich ist die Vision vor dem »inneren Auge«, auch nur eine Umschreibung für eine Wahrnehmung, für die die Sprache keine bessere Bezeichnung hat. Es gibt nämlich auch eine ganz erhebliche Zahl von Menschen, welche die Symbole nicht innerlich »sehen«, sondern sie »fühlen«, »hören«, »riechen« oder sogar »schmecken«. Die quasi-optische Wahrnehmung ist also keineswegs die einzige, und die Erfahrung zeigt, daß wir auch mit den anderen Wahrnehmungsformen effektive Tattwa-Arbeit durchführen können. In der Regel verwenden wir zwar die neutrale Bezeichnung »Wahrnehmung«, wenn aber in unseren weiteren Ausführungen von »Vision« oder vom »Visualisieren« die Rede ist, so sollten Sie sich dieser Tatsache bewußt bleiben.

Was also tun, wenn man nichts »sieht«, wenn trotz angestrengter Bemühungen keine quasi-optische Vision vor dem inneren Auge zustandekommt? Als sehr hilfreich hat es sich erwiesen, zunächst einmal die Versuche zu wiederholen. Manchmal ist lediglich die erforderliche Entspannung noch nicht erreicht und ein zweiter, dritter oder auch vierter Versuch zeitigt dann das gewünschte Ergebnis.

Sollte auch dies nichts fruchten, läßt sich mit einer anderen »Sinnesschiene« arbeiten. So kann der Reisende beispielsweise, anstatt das Symbol vor dem inneren Auge zu »sehen«, mit den Händen nach dem Schließen der Augen das Symbol vor sich in der Luft nachziehen und formen. Hat er dies getan, sollte er das Symbol eine Weile betasten und befühlen, bis er es möglichst konkret wahrnimmt. Dann kann er es behandeln wie ein normales Tor und hindurchspringen.

Auf ähnliche Weise läßt sich auch mit den anderen Sinnesschienen verfahren, falls auch dies nichts nützen sollte, was freilich außerordentlich selten ist. Dabei ist es hilfreich, die physischen Sinnesorgane durch symbolische Handlungen zur Mitarbeit anzuregen, beispielsweise indem man lauschend die Hand hinter das Ohr hält, mit der Zunge über die Lippen fährt oder mit der Nase schnüffelt. Für jemanden, der es nicht gewohnt ist, mag es geradezu absurd erscheinen, daß ein anderer eine graue Mondsichel »riechen« oder ein violettes Dreieck »schmecken« kann. Doch je nachdem, ob man ein stärker optischer, ein taktiler, ein auditiver, ein olfaktorischer oder ein eher gustatorischer Typ ist, wird man schon verstehen, was damit gemeint ist. Halten wir uns zur Veranschaulichung vor Augen, daß Blinde beispielsweise mit ihrem Tastsinn Farben unterscheiden können, so können wir uns den Vorgang vielleicht ein wenig besser vorstellen. *Wichtig:* Die Nichtwahrnehmung eines Tattwa-Symbols beim Versuch des Eintritts in die Tattwa-Sphäre darf nicht mit der *Eintrittsblockade* verwechselt werden, auf die wir weiter unten noch eingehen! Ersteres ist ein eher technisches Problem, das mit etwas Übung behoben werden kann. Eine echte Blockade dagegen wird meist physisch gespürt und gibt bereits Hinweise auf den Zustand der entsprechenden Element-Sphäre beim Betroffenen.

Die selbständige und die angeleitete Tattwa-Reise

Man unterscheidet zwischen der *selbständigen Tattwa-Reise*, die in Eigenregie ohne Anleitung stattfindet, und der *angeleiteten Tattwa-Reise*, bei der ein Klient von einem *Tattwa-Leiter* geführt und betreut wird. Diesen beiden Formen der Tattwa-Arbeit werden wir uns nun widmen. Es gibt noch eine dritte Variante, nämlich die *Gruppen-Tattwa-Reise*, die wir im 11. Kapitel behandeln werden.

Sofern nicht ausdrücklich anders angegeben, gelten sämtliche Hinweise in diesem Buch für alle Formen der Tattwa-Reise und lassen sich entsprechend sinngemäß auf sie übertragen. Doch es versteht sich wohl von allein, daß die unterschiedlichen Formen der Tattwa-Reise auch unterschiedliche Probleme, Stärken, Schwächen und Bedingungen mit sich bringen. Deshalb sollen die selbständige und die angeleitete Tattwa-Reise jetzt etwas näher beleuchtet werden.

Die selbständige Tattwa-Reise

Vorteile:

Die Vorteile der selbständigen Tattwa-Reise in Eigenregie liegen auf der Hand: Der Reisende ist unabhängig von anderen, er kann sich Zeit und Ort der Tattwa-Arbeit beliebig aussuchen, seine Intimität bleibt gewahrt und seine Selbständigkeit wird gefördert. Wenn Sie, aus welchen Gründen auch immer, die angeleitete Tattwa-Reise der selbständigen vorziehen sollten, bleibt es Ihnen doch nicht erspart, Ihren Umgang mit den Elementen durch eigene Experimente und Übungen zu vertiefen. In der Tattwa-Therapie arbeitet der Klient zwar eine Weile schwerpunktmäßig mit dem Tattwa-Leiter zusammen, doch wird auch dieser ihn dazu anhalten, zu Hause in Eigenregie weiterzumachen - denn der Heilungsprozeß ist immer eine subjektabhängige Sache und niemand kann ihn dem Kranken abnehmen!

Ein weiterer Vorteil besteht darin, daß die selbständige Tattwa-Reise beim erfahrenen Praktikanten eine präzisere Arbeit ermöglicht. Der Tattwa-Leiter muß sich stets in den Klienten einfühlen, was oft eine gewisse Zeit braucht und manchmal auch teilweise oder sogar gänzlich mißlingt. Wer sehr viel in Eigenregie Tattwas bereist hat, wird allerdings immer wieder einmal die Hilfe eines geeigneten Tattwa-Leiters in Anspruch nehmen, um nicht »einzurosten« und neue Anregungen zu erhalten. Dies gilt vor allem für die anschließende Besprechung der Reise.

Nachteile:

Vor allem der Anfänger sieht in der Tattwa-Reise in Eigenregie eine Reihe von Mängeln, die sich allerdings nach einiger Übung zum größten Teil von selbst beheben.

Einige dieser Nachteile seien hier erwähnt. Am häufigsten kommt der Einwand, man wisse nicht so recht, wie man mit den Elementen praktisch umgehen solle. Detailfragen bleiben ungeklärt, wenn kein Fachmann zur Hand ist, um sie zu erläutern.

Ein schwerwiegenderes Problem sind die Qualitätsunterschiede, die viele Übende zwischen beiden Formen der Tattwa-Arbeit feststellen. So wird beispielsweise häufig bemängelt, die selbständige Tattwa-Reise sei von ihrer Bildkraft her weniger plastisch und intensiv, wohingegen die Arbeit mit dem Tattwa-Leiter zu wesentlich kraftvolleren Erfahrungen führe. Nach meinem bisherigen Erfahrungsstand scheint dies ein allgemein menschliches Problem zu sein, das sich wohl kaum gänzlich aus der Welt schaffen läßt: Die persönliche Distanz, die der Tattwa-Leiter bei aller Einstimmung in den Klienten und seine Element-Welt mitbringt, ist offensichtlich ein ausgezeichneter Katalysator für den Umgang mit seelischen Symbolen. Obwohl ich persönlich schon seit Jahren mit Tattwas arbeite, begebe auch ich mich immer wieder mal in die Obhut eines Tattwa-Leiters, um ein gewisses *Intensitätsniveau* der Tattwa-Erfahrung aufrechtzuerhalten oder es gelegentlich sogar wiederherzustellen. Von daher weiß ich aus eigener Erfahrung, daß der Beruf des Tattwa-Leiters nie überflüssig werden wird! Andererseits läßt sich aber feststellen, daß das Bedürfnis nach angeleiteten Tattwa-Reisen sich mit der Zeit spürbar verringert. Verlangt der Anfänger im Schnitt noch nach einem Minimum von 5 – 8 angeleiteten Sitzungen im Jahr, wird der erfahrene Tattwa-Leiter und Tattwa-Tutor sich mit ein bis zwei Sitzungen begnügen. Doch besteht selbstverständlich keine Verpflichtung zu einer Arbeit mit einem anderen Kollegen, und nicht jeder Tattwa-Arbeitende wird diese Erfahrung bestätigen. Vergleicht man diese Zahlen jedoch einmal mit den Therapiestunden, die von der Psychoanalyse beansprucht werden, so steht die Tattwa-Therapie allerdings immer noch sehr günstig da!

Andere Probleme sind eher eine Frage der Sorgfalt und der Erfahrung. Visualisationsschwierigkeiten, das Unvermögen, mit einem bestimmten Element »klarzukommen«, mangelndes Selbstvertrauen – all dies läßt sich durch entsprechende Tattwa-Arbeit beheben.

Solchen Mängeln soll das vorliegende Buch wenigstens teilweise abhelfen. Die bisherige Praxis fand ja weitgehend im »luftleeren Raum« statt, also ohne ausgearbeitete theoretische und praktische Grundlage, ohne einen Leitfaden, der vieles in einer Form darstellt, die den Kommentar des erfahrenen Tattwa-Leiters überflüssig macht. Dennoch wäre es vermessen, den Anspruch zu erheben, dieses Buch würde die geschilderten Probleme ausnahmslos vermeiden helfen. Tatsächlich läßt sich aber feststellen, daß ein großer Teil der Schwierigkeiten darauf beruht, daß bisher zu wenig über die praktische Tattwa-Arbeit geschrieben wurde. Die wenigen vorhandenen Abhandlungen gehen nie in die Tiefe und erschöpfen sich in einer

Schilderung der Grundstrukturen, ohne die »Probleme der Basis« hinreichend zu berücksichtigen. Das gegenwärtig (1986) in Gründung befindliche *Deutsche Institut für Tattwa-Forschung (DITF)* wird es sich zum Ziel setzen, die praxisbezogene Forschung und Lehre der Tattwa-Arbeit zu fördern und dem Anfänger wie dem Fortgeschrittenen den Zugang zur Praxis der Tattwa-Therapie zu erleichtern. (Bitte beachten Sie: Das DITF führt keine Therapien durch, sondern bietet die Möglichkeit der Ausbildung zum diplomierten Tattwa-Leiter und Tattwa-Tutor. Informationsschrift erhalten Sie gegen Rückporto beziehungsweise zwei internationalen Antwortcoupons von: Deutsches Institut für Tattwa-Forschung DITF, St.-Josef-Straße 26, D-5463 Unkel am Rhein; Telefon 02224/75503.)

Erfahrungsbericht: Selbständige Reise ins Feuer-Tattwa

(Männlicher Tattwa-Reisender, 29 Jahre, Erstreise)

Mit diesem Beispiel einer selbständigen Tattwa-Reise wollen wir einige Grundaspekte dieser Methode anhand der Praxis aufzeigen. Diesem Ziel dienen auch die Kommentare, die den Bericht gelegentlich unterbrechen und die das Geschilderte erläutern.

Ich schließe die Augen und versuche, das grüne Dreieck zu sehen – da ist es auch schon, allerdings ziemlich klein im Hintergrund... ich laufe darauf zu; es wird größer – da, ich springe hindurch – es ist fast wie ein Sprung durch ein dünnes Pergamentpapier, aber lautlos.

Ich habe es geschafft, ich bin in der Tattwa-Sphäre. Ich stehe auf einem festen, steinigen Boden, vor mir ein Weg, der etwas gewunden nach links führt, auf einen Gebirgszug zu. Die Luft ist warm, die Sicht nicht besonders scharf, es flimmert alles. Die Farben – ein rötlicher Ton; es scheint Sandstein zu sein. Aber die Berge sind eher schwärzlich-rot, wie Vulkangestein. Der Himmel ist klar, das Flimmern schwächt sich ab. Jetzt erkenne ich die Konturen einzelner Felsbrocken schärfer.

Ich setze mich in Bewegung, gehe den Weg entlang. Es geht sich angenehm, zuerst ein Stück abfallend, dann wieder in die Höhe. Mir wird immer wärmer, aber es ist nicht wirklich heiß und eigentlich recht angenehm. Jetzt bin ich auf dem ersten Berg, ein etwas größerer

Hügel. Die Felsen haben holzschnittartige Gesichter. So stelle ich mir eine Gegend in Mexiko vor, nein, wohl eher in Nevada. Von hier oben aus sehe ich, daß das umgebende Land aus rötlicher Wüste besteht. Hier im Gebirge ist es etwas dunkler, das Gestein ist schwärzlich und porös, es ist tatsächlich vulkanisch, wie mir scheint. Ich streiche mit der Hand über einen Felsbrocken zu meiner Rechten, er fühlt sich rauh an, fast schmirgelt er die Haut. Er ist sehr warm, und ich sehe jetzt, hoch am Himmel, die Sonne…

Kommentar: Wir unterbrechen hier den Bericht, um auf einige typische Wesensmerkmale aufmerksam zu machen. Es fällt zunächst einmal auf, daß der Reisende sich etwas Mühe geben muß, um durch das Symboltor zu treten beziehungsweise zu springen. Dies ist relativ oft zu beobachten. Es empfiehlt sich, das Symbol heranzuholen, beispielsweise indem man es regelrecht ruft. Das kann akustisch, also laut geschehen, oder auch nur im Geiste. Meistens beginnt ein Tattwa-Reisender seine Schilderung erst *nach* dem Eintritt in die Tattwa-Sphäre, da die Eintrittsphase selbst seine volle Aufmerksamkeit erfordert.

Die Wahrnehmung einer Landschaft ist die häufigste Erlebnisform. Erfahrungsgemäß sind diese Landschaften die ersten Male nur sehr selten bevölkert, sie sind also unbelebt; weder Menschen, Tiere noch andere Lebewesen treten auf. Auf die Arbeit mit solchen Erscheinungen gehen wir in den beiden folgenden Kapiteln näher ein. Ein wichtiger praktischer Hinweis, der allerdings oft schon rein instinktiv befolgt wird, ist das Achten auf möglichst viele Reize, welche die Wahrnehmung stabilisieren: Temperatur, Sehschärfe, Geräusche, Bodenbeschaffenheit und dergleichen.

Auch die Bewegung trägt dazu bei, daß sich die Symbolwelt verdichtet und stabilisiert. Ziel ist es, eine ebensolche Realität des Erfahrenen zu erreichen wie im Alltagsleben auch. Der größte Unterschied zwischen Tattwa- und Alltags-Trance besteht wohl darin, daß in der Tattwa-Sphäre, ähnlich wie auf der Traumebene, prinzipiell nichts unmöglich ist. So kann die Fortbewegung beispielsweise auch durch Fliegen, Schweben, In- den-Boden-Sinken und so weiter geschehen. Nur von plötzlichem Standortwechsel (»Teleportation«) ist abzuraten, weil dies zumindest in der Anfangszeit der Tattwa-Praxis die Orientierung behindert. Fahren wir nun mit dem Bericht fort.

Irgendwie gefällt mir die Landschaft und die ganze Atmosphäre, obwohl doch alles eigentlich recht öde ist. Ich fühle mich kraftgeladen und aktiv, ganz so, als könnte ich Bäume ausreißen. Ich werde mal versuchen, auf den nächsten Gipfel zu springen, anstatt dem Bergpfad zu folgen.

Da – es ist gelungen! Ein wirklich tolles Gefühl! Ich fühle mich beschwingt, meine Beinmuskeln federn nur so vom Boden ab. Ich glaube, ich werde jetzt mal ein wenig über das Gebirge hüpfen wie ein Riese mit Siebenmeilenstiefeln. Noch ein Gipfel... wieder einer... es macht wirklich gewaltigen Spaß! Die Landschaft bleibt konstant... hoppla, noch ein Gipfel... ah, dahinten geht das Gebirge in ein Hochplateau über. Es scheint auch weniger kahl zu sein, bewachsen mit Sträuchern und Kakteen, aber alles noch etwas sandig. Dort werde ich mich jetzt hinbegeben.

Inzwischen gehe ich wieder ganz normal, wenn auch in einem etwas schnelleren Tempo als sonst. Ich platze fast vor Kraft! Ich nehme einen Stein auf und schleudere ihn aus reinem Übermut weit von mir. Er schießt in hohem Bogen durch die Luft... wird immer kleiner... jetzt ist er am Horizont verschwunden. Noch mal das ganze... ja, auch den zweiten Stein kann ich so weit fortwerfen, wie ich es noch nie gekonnt habe. Mein Körper fühlt sich wohlig warm und geschmeidig an, von Spannkraft durchflutet.

Ich habe das Plateau erreicht, die Ebene erstreckt sich weit gen Westen, so weit das Auge reicht. Die Kakteen sind doch etwas größer, als man vom Gipfel aus gemeint hätte. Ich betrachte sie genauer. Sie sind hochgewachsen, vielarmig, mit blaßgrüner, ledrig wirkender Haut und mit spitzen Stacheln. Die größten von ihnen werfen etwas Schatten. Es sind auch überall Sträucher. Ich kenne sie nicht, habe noch nie derartige Gewächse gesehen. Der Schatten der großen Kakteen sieht sehr einladend aus. Ich werde mich dort einmal hinsetzen und ein wenig die Landschaft betrachten.

Kommentar: Beachten Sie, daß der Reisende damit beginnt, immer spielerischer mit der Tattwa-Sphäre umzugehen. Das ist ein sehr gutes Zeichen: Es weist darauf hin, daß diese Form der Symbolerfahrung von der Gesamtpersönlichkeit akzeptiert und bejaht wird. Ein gewisses Element des Sinnlichen und Freudigen kann bei keiner Tattwa-Reise schaden!

Die Einzelheiten werden stärker beachtet, die Welt »steht« sozusagen, sie hat sich stabilisiert. Auch die Aktivitäten passen sich ihr an. Ohne daß der Reisende sich vorher suggerieren mußte, daß das Element Feuer, in dem er sich ja nun befindet, *Kraft* und *Aktivität* (auch körperliche!) beherrscht, fühlt er ganz von allein das Verlangen, sich entsprechend zu betätigen. Er stellt auf spielerische Weise fest, was er in dieser Sphäre kann, welche Möglichkeiten ihm offenstehen. Vor allem beim therapeutischen Einsatz der Tattwa-Arbeit ist dies von kaum zu überschätzendem Wert.

Auch die Möglichkeiten des »Realen« werden überschritten: In dieser Sphäre ist es dem Reisenden möglich, von einem Gipfel zum anderen zu springen, Spieltrieb und Lebenslust verstärken sich. Selbst wenn die Tattwa-Reise nur zum Zweck des Kennenlernens der Element-Welt durchgeführt wurde, wird sich mit Sicherheit danach, das läßt sich jetzt schon absehen, eine allgemeine Beschwingtheit und Energetisierung beim Reisenden beobachten lassen. Er »tankt« also ganz unbewußt Kraft, die ihm später im Alltagsleben zugute kommen wird.

Der einladende Schatten bewegt den Tattwa-Reisenden dazu, sich niederzulassen, um die Landschaft zu betrachten und zu genießen. Hier sind wir an einem kritischen Punkt angelangt: Solange er aktiv und bei Wachbewußtsein (also in bewußter Trance) bleibt, ist nichts dagegen einzuwenden. Es muß nur vermieden werden, daß der Reisende wegdämmert oder gar völlig einschläft, denn das würde ein symbol-logisches Durcheinander bei der Rückkehr in die Alltagswelt provozieren. Sehen wir selbst, wie es weitergeht.

Merkwürdig, jetzt werde ich doch ein wenig schläfrig. Aber ich will nicht einschlafen, das soll ja nicht gut sein. Also stehe ich wieder auf... ja, jetzt bin ich wieder voll bei wachen Kräften. Aber ich glaube, ich habe jetzt erst einmal genug und werde zurückkehren.

Ich lasse den Blick noch einmal über das Plateau schweifen. Seltsam, daß hier keine Lebewesen zu sehen sind. Na ja, vielleicht halten sie auch nur Mittagsschlaf. Ich kehre jetzt auf demselben Weg zurück, den ich gekommen bin, den Bergpfad entlang auf den letzten Gipfel... dann hüpfe ich wieder von einem Gipfel zum anderen, bis ich beim ersten Gipfel angelangt bin... es geht alles sehr viel schneller als auf dem Hinweg... Ich sehe wieder die Felsgesichter, gehe den

Weg zurück… da kommt ja auch schon das Tor, ein grünes Dreieck. Ich gehe noch nicht hindurch, sondern kehre ihm den Rücken zu. Dann hebe ich beide Arme und bedanke mich für diese Erfahrung … Danke, Feuerwelt, daß du mich aufgenommen hast, es hat mir viel Spaß gemacht, und ich werde bald wiederkommen.

Nun drehe ich mich um und trete durch das Tor zurück in mein Zimmer.

Kommentar: Der Reisende hat die Gefahr bemerkt, das Wachbewußtsein und damit seine Entscheidungsfreiheit verlieren zu können. Der plötzliche Stimmungsumschwung beziehungsweise das Verlangen, die Reise nun zu beenden, sollte auf jeden Fall respektiert werden. Man darf die Symbolwelt nicht überfordern, sonst gerät man in ein Gewirr von sinnlosen Phantasmagorien. Allerdings sollte man angesichts von Hindernissen nicht einfach die Flinte ins Korn werfen und sich resigniert zurückziehen. Hier gilt es, Fingerspitzengefühl zu entwickeln und jeden Selbstbetrug auszuschließen. Doch selbst wenn Sie sich nicht sicher sein sollten – kehren Sie im Zweifelsfall lieber zurück als die Sache zu forcieren.

Der Rückweg wird fast immer als wesentlich kürzer empfunden als der Hinweg. Das ist ja auch im Alltagsleben oft so, und so können wir darin auch ein Indiz für die symbol-logische Stimmigkeit sehen. Man sollte eisern an dem schon erläuterten Grundsatz festhalten, daß der Rückweg auf derselben Strecke erfolgt wie der Hinweg. Auch die Fortbewegungsart sollte, zumindest bei den ersten Reisen, stets dieselbe sein, später läßt sich von diesem Punkt auch abweichen. Ein Betrachten der wichtigsten Landschaftsmerkmale, denen der Reisende begegnet ist, bietet die Gewähr für eine korrekte Rückkehr.

Sie sollten sich auch nicht davor scheuen, Ihre Erlebnisse in Umgangssprache zu beschreiben und auch keine Einwürfe wie »Hoppla!«, »Oh!« und so weiter vermeiden, im Gegenteil: Je lockerer die Atmosphäre, um so wirkungsvoller die Tattwa-Arbeit. Bei angeleiteten Tattwa-Reisen kommt es sogar häufig vor, daß Tattwa-Leiter und Klient kleine Witze reißen, ohne daß dies der Erfahrung Abbruch täte, vielmehr wird sie dadurch eher gefördert.

So verhält sich auch unser Reisender, während er von der Element-Sphäre Abschied nimmt: Er spricht in ganz normalem Ton mit ihr, wie er es auch mit einem Freund täte (oder vielleicht - in unbeobachteten Augenblicken – mit seinen Zimmerpflanzen oder Haustieren!), und genauso sollte es auch sein.

Wir werden uns noch ausführlicher mit der Nachbereitung und Verarbeitung der Tattwa-Reise befassen. Zuvor müssen wir jedoch erst die Einzelheiten des allgemeinen Vorgehens und eventuelle technische Probleme behandeln. Dazu die folgenden Empfehlungen für den Fall, daß der Tattwa-Reisende trotz mehrfacher Versuche nichts wahrnehmen sollte.

Was tun, wenn man nichts »sieht«?

(Für selbständige und angeleitete Tattwa-Reisen)

Es kann gelegentlich vorkommen, daß der Tattwa-Reisende, meist erst nach einiger Mühe, zwar durch das Symboltor gelangt, danach aber nichts sieht und nur »Schwärze« oder »Nichts« konstatiert. Ändert sich dieser Zustand nach einer Weile des Abwartens nicht, muß etwas dagegen unternommen werden. Es gibt mehrere Gründe für ein solches Problem:

a) Der Tattwa-Reisende ist nicht wirklich durch das Symboltor getreten. In diesem Fall muß der Eintritt in die Tattwa-Sphäre wiederholt werden. Gelingt dies nach mehreren Versuchen immer noch nicht, sollte die Sitzung abgebrochen und erst nach einer hinreichenden Pause von mehreren Stunden oder Tagen wieder versucht werden.

b) Eine häufige Ursache für den Nicht-Eintritt in die Tattwa-Sphäre ist eine mangelhafte Entspannung. Diesem Problem kann durch eine entsprechend intensivierte Tiefenentspannung begegnet werden.

c) Oft besteht das Problem nur aus einer Unvertrautheit des Tattwa-Reisenden mit der neuen Form der Wahrnehmung. Vergessen wir nicht, daß die Wahrnehmung, wie schon mehrfach erwähnt, nicht unbedingt auf quasi-optischer Grundlage stattfinden muß, der Reisende die Tattwa-Sphäre folglich beispielsweise auch auf der »Geruchs-« oder »Gehörschiene« bereisen kann.

Das klassische Problem des »Ich sehe nichts« läßt sich aber auch noch anders angehen, beispielsweise durch Fragen wie: »Wie sieht dieses Nichts aus?«, »Was siehst du/sehe ich rechts, links, oben, unten, vorne, hinten und so weiter?«. Hier kommt allerdings vor allem die angeleitete Tattwa-Reise zum Tragen. Denn wenn diese Fragen vom Tattwa-Leiter gestellt werden, läßt sich das Unbewußte des Reisenden erfahrungsgemäß weitaus bereitwilliger darauf ein, als wenn die Reise in Eigenregie durchgeführt wird. Dennoch erweisen sie sich auch bei der Einzelarbeit oft als sehr hilfreich. Das Grundprinzip besteht darin, durch gezielte Anregung zur Betrachtung und Beobachtung die Bilder sich offenbaren zu lassen. Selbst Schwärze besitzt Strukturen, wenn man genau darauf achtet, und diese Tatsache macht sich der Tattwa-Leiter zunutze, indem er den Klienten nach diesen Strukturen suchen läßt, ohne sie ihm jedoch zu suggerieren.

d) Von großer Wichtigkeit ist der Abbau übertriebener Erwartungen, die sich nicht selten als größte Blockade erweisen. Die Tattwa-Reise hat oft überhaupt nichts Spektakuläres an sich, und so ist es auch nicht sinnvoll, sensationelle Erlebnisse, ja geradezu eine Art »seelisches Action-Video« zu erwarten. Zwar können die Tattwa-Welten viele Abenteuer bergen, und die Reisen sind oft sehr faszinierend, doch gilt dies vor allem dann, wenn sie *nicht* mit dem Vorsatz angetreten werden, »mal etwas zu erleben«.

e) Stellt es sich heraus, daß trotz aller Versuche ein Element dem Reisenden hartnäckig verschlossen bleibt, so ist dies ein Indiz für schwerwiegende Störungen in diesem Element-Bereich. Diese können nur durch eine gezielte Arbeit behoben werden. Näheres dazu finden Sie im 5. Kapitel.

Die angeleitete Tattwa-Reise

Vorteile:

Ein sehr wesentlicher Vorteil der angeleiteten Tattwa-Reise gegenüber der Reise in Eigenregie ist die größere Sicherheit des Reisenden, alles richtig zu machen. Ein erfahrener Tattwa-Leiter kann über manche Anfangsschwierigkeit hinweghelfen und den Reisenden auf Fehler aufmerksam machen, die ihm sonst vielleicht nicht bewußt werden.

Dennoch ist die Tattwa-Arbeit natürlich für jeden da und kann ohne Probleme im Alleingang durchgeführt werden. Sogar in der therapeutischen Situation wird der Klient in der Regel dazu angehalten, zu Hause selbständige Tattwa-Reisen durchzuführen, um auf lange Sicht den Tattwa-Leiter weitgehend überflüssig zu machen. Die Tatsache, daß sich auch erfahrene Reisende gerne immer wieder mal der Führung eines Tattwa-Leiters anvertrauen, steht dazu nicht im Widerspruch: Denn dies ist eine zusätzliche Hilfe, aber keine starre Regel, die es um jeden Preis einzuhalten gilt. Wir haben allerdings schon darauf hingewiesen, daß die angeleitete Tattwa-Reise von vielen Menschen als intensiver und kraftvoller empfunden wird. Dies liegt zum Teil an der Distanz des Experten, zum anderen aber auch sicherlich an einem Gefühl des Aufgehobenseins. Da wir tagtäglich immer nur unserer Ratio den Vorzug geben und das Unbewußte doch ziemlich stiefmütterlich behandeln, ist es nicht weiter verwunderlich, wenn wir dadurch auch eine gewisse Unsicherheit entwikkeln, die nach einem Führer verlangt.

Vor allem bei der Nachbereitung und Verarbeitung der Tattwa-Erfahrung kann der Tattwa-Leiter wertvolle Hilfe leisten. Aufgrund seiner Praxis und seiner Vergleichsmöglichkeiten fällt es ihm auch leichter, schnell zu präzisen Element-Zuordnungen zu gelangen, was vor allem in der therapeutischen Situation eine große Rolle spielt. Der Tattwa-Leiter, mit dessen Aufgaben und Pflichten wir uns im 7. Kapitel noch ausführlicher beschäftigen werden, macht dem Reisenden Mut in schwierigen Situationen, er zeigt ihm Entscheidungsmöglichkeiten auf, gibt Tips und Hinweise für den Umgang mit dem Erfahrenen im Alltagsleben und so weiter.

Ferner sorgt der Tattwa-Leiter für Disziplin und verhindert, was von großer Wichtigkeit ist, das Wegdämmern des Klienten und eine schädliche Über-Passivität.

Darüber hinaus fördert das Anleiten anderer wiederum die eigene Praxis. Es führt geradezu zwangsläufig zu einer Entkrampfung, zu einem lockereren Angang und macht das eigene Unbewußte und den psychischen Zensor mit dem symbol-logischen Umgang mit Bildern auf einer distanzierteren, weniger »intimen« Grundlage vertraut.

Das hilft, Hemmungen und Blockaden abzubauen und schafft eine größere Selbstsicherheit.

Nachteile:

Der größte Nachteil der angeleiteten Tattwa-Reise besteht in einer Gebundenheit an Termine und Orte: Immerhin muß der Klient in der Regel den Tattwa-Leiter aufsuchen, was natürlich mit Aufwand und Kosten verbunden ist. Auch die Sitzungen selbst kosten Geld, wenngleich die Sätze für die meisten Menschen doch recht erschwinglich sind und keinen Vergleich mit den gängigen Therapeutenhonoraren zu scheuen brauchen.

Ein häufig von Laien zu hörender Einwand gegen die angeleitete Tattwa-Reise ist allerdings falsch: Durch die Arbeit mit einem Leiter entsteht *kein* Abhängigkeitsverhältnis zwischen Klient und Tattwa-Leiter. Dies wird später noch deutlicher werden, wenn wir uns noch intensiver mit der Rolle und Funktion des Tattwa-Leiters befassen. Das genaue Gegenteil ist vielmehr der Fall: Die Tattwa-Arbeit soll den Klienten dazu befähigen, aus eigener Kraft und nach eigenen Maßstäben in der Symbolwelt – wie auch sonst im Leben – zu entscheiden und zu einer echten Selbst- und Willensfindung zu gelangen. Denn der Tattwa-Leiter suggeriert keine Verhaltensweisen, er zeigt lediglich Entscheidungsmöglichkeiten auf. Die einzige Ausnahme dieser Regel gilt nur für jene sehr seltenen Fälle, in denen der Klient von der Erfahrung völlig überwältigt wird und die Selbstbeherrschung verliert. Und selbst hier arbeitet der Tattwa-Leiter darauf hin, die Entscheidungsfähigkeit und den freien Willen des Klienten *so schnell und so gründlich wie möglich* wiederherzustellen. Im übrigen ist eine persönliche Bindung zwischen Klient und Tattwa-Leiter weder erwünscht noch vorgesehen.

Anstelle von Regelvorgaben wollen wir wiederum ein Fallbeispiel aus der Praxis schildern, um an ihm die Grundregeln der angeleiteten Tattwa-Reise zu illustrieren. Auch diese werden wir dann in den folgenden Kapiteln immer weiter vertiefen.

Erfahrungsbericht: Angeleitete Reise ins Erd-Tattwa
(Männlicher Tattwa-Reisender, 36 Jahre, Erstreise)

(Die vorausgegangene Tiefenentspannung ist beendet, der Tattwa-Leiter läßt den Klienten die Tattwa-Karte betrachten.)

Tattwa-Leiter: Sie werden gleich eine Reise ins Erdelement machen. Auf dieser Reise sind Sie völlig Herr Ihrer selbst, Sie können tun und lassen, was Sie wollen, und Sie können die Reise jederzeit abbrechen, wenn Sie möchten. Es gibt nur zwei Regeln: Sie müssen alles, was Sie wahrnehmen und erleben, laut und deutlich beschreiben, und Sie müssen, wenn Sie zurückkehren, denselben Weg nehmen wie den, den Sie gekommen sind. Ich bin nur dazu da, Ihnen dabei zu helfen, die Entscheidungen aber treffen Sie allein.

Schließen Sie nun die Augen und nehmen Sie das Symbol in seiner Komplementärfarbe wahr, ein violettes Quadrat. Wenn Sie es wahrnehmen, springen Sie sofort hindurch, ohne jedes Zögern!

Klient: Ich kann es erkennen, aber es ist zu weit entfernt.

Tattwa-Leiter: Rufen Sie es heran, rufen Sie ihm zu, es soll näherkommen.

Klient: Ja, jetzt ist es da, ich springe... ich bin hindurchgekommen.

Tattwa-Leiter: Verharren Sie dort, wo Sie sind, und beschreiben Sie alles, was Sie wahrnehmen.

Klient:...Ich stehe auf einer Art... ja, es ist anscheinend eine Wiese, aber es ist sehr dunkel.

Tattwa-Leiter: Wie fühlt sich der Boden an?

Klient: Weich und feucht.

Tattwa-Leiter: Wie ist die Temperatur?

Klient:...Kühl, würde ich sagen. Aber ich kann nichts sehen, ich spüre es bloß, eine Wiese mit feuchtem Gras.

Tattwa-Leiter: Sie können überhaupt nichts sehen?

Klient: Nein, es ist völlig finster.

Tattwa-Leiter: Können Sie etwas riechen?

Klient:...Hm, ja, es riecht ein bißchen wie feuchtes Heu, ganz seltsam...

Tattwa-Leiter: Was befindet sich zu Ihrer Rechten?

Klient: Ich kann doch nichts sehen, das sagte ich doch gerade ... Moment, doch, da ist eine Art schwacher Lichtstreif am Himmel.

Tattwa-Leiter: Welche Farbe hat er?
Klient: Rötlich, aber sehr nebelhaft. Das ist aber auch alles.
Tattwa-Leiter: Und zur Linken?
Klient: Nichts.
Tattwa-Leiter: Wie sieht dieses Nichts aus?
Klient: Einfach nur nichts.
Tattwa-Leiter: Ist es schwarz oder transparent oder...
Klient: Schwarz mit merkwürdigen hellen Streifen, völlig ungeordnet, keine festen Strukturen...
Tattwa-Leiter: Welche Farbe haben die Streifen?
Klient:...Hellblau, vielleicht... nein, eher silbrig. Es ist eine Art metallisches Schimmern, wie blitzender blauer Stahl. Jetzt ist es fort. Schade. Mache ich etwas falsch?
Tattwa-Leiter: Nein, das ist ganz normal. Was sehen Sie denn vor sich?
Klient: Unmittelbar vor mir ist ein Weg... ah, jetzt klärt sich alles, und ich kann schon viel besser sehen. Es ist wie im Morgengrauen, die Nebel lichten sich... ja, dahinten geht auch die Sonne auf.
Tattwa-Leiter: Zu welcher Seite?
Klient: Rechts von mir.
Tattwa-Leiter: Dann schauen Sie also nach Norden?
Klient:...Hm, ja, stimmt. Es ist jetzt eine hügelige Wiesenlandschaft, sehr grün.
Tattwa-Leiter: Wie ist die Temperatur jetzt?
Klient: Immer noch sehr kühl und feucht.
Tattwa-Leiter: Wollen Sie den Weg entlanggehen?
Klient: Wenn ich genauer hinsehe, ist es sogar eine Wegegabelung.
Tattwa-Leiter: Was wollen Sie tun?
Klient: Was soll ich denn tun?
Tattwa-Leiter: Das müssen Sie selbst entscheiden. Ich kann Ihnen aber ein paar Vorschläge machen. Sie können beispielsweise stehenbleiben und die Landschaft beobachten. Oder Sie können einen der beiden Wege nehmen. Sie können natürlich auch zurückkehren und die Reise abbrechen, wenn Sie wollen...
Klient: Nein, ich glaube, ich möchte nach rechts gehen.

Kommentar: Lassen Sie uns den Bericht hier kurz unterbrechen, um auf einige Aspekte dieser Tattwa-Arbeit hinzuweisen.

Wir haben es hier mit einem recht typischen Reisebeginn der etwas schwierigeren Art zu tun. Der Klient hat anfänglich gewisse Hemmungen, sich für seine Symbolwelt zu öffnen. Der Tattwa-Leiter bringt ihn durch gezielte Fragen dazu, seine Tattwa-Sphäre zu stabilisieren, indem er immer wieder beispielsweise nach der Temperatur oder nach Farben fragt.

Auch Zwischenkommentare oder Fragen («Mache ich etwas falsch?«) sind relativ häufig. Der Tattwa-Leiter läßt sich zu Recht nicht länger darauf ein, weil sie nur von der eigentlichen Erfahrung ablenken. Ebenso enthält er sich aller Wertungen.

Beachten Sie, wie der Klient dazu angehalten wird, sich *selbst* zu entscheiden, anstatt die Entscheidung dem Tattwa-Leiter zu überlassen. Die Versuchung, dem Leiter die alleinige Verantwortung zu übertragen, ist für viele Menschen in einem tiefenentspannten Zustand recht groß – doch ist dies der erste Schritt in die Willens- und Bewußtlosigkeit und sollte daher auf jeden Fall vermieden werden! Die Einleitung des Tattwa-Leiters ist sehr wichtig, denn Sie macht von Anfang an die Spielregeln klar. Sie brauchen als Tattwa-Leiter nicht die genaue Formulierung zu übernehmen, aber es empfiehlt sich, stets mit denselben Worten zu arbeiten, vor allem bei Klienten, die Sie öfter auf Tattwa-Reisen betreuen. Denn dies schafft einen Assoziationsmechanismus, der sich sehr hilfreich auf die Erfahrung auswirkt und vieles erleichtert beziehungsweise den Klienten für das Tattwa-Erlebnis öffnet. Doch fahren wir nun fort.

Klient: Ich setze mich in Bewegung, aber das Gehen fällt mir sehr schwer. Es ist, als würde der Boden an meinen Füßen kleben. Trotzdem gehe ich weiter... (längere Pause)
Tattwa-Leiter: Und jetzt?
Klient: (murmelt undeutlich)
Tattwa-Leiter: Sprechen Sie bitte laut und deutlich und schildern Sie alles, was Sie wahrnehmen und erleben.
Klient: Ich bin inzwischen an einem See angekommen. Ich stehe am Ufer und... (schweigt mit offenkundig fasziniertem Gesichtsausdruck)

Tattwa-Leiter: Beschreiben Sie bitte laut und deutlich alles, was Sie wahrnehmen und erleben.

Kommentar: Hier sehen wir, wie der psychische Zensor des Klienten die Oberhand an sich zu reißen versucht, um sein Bewußtsein auszuschalten. Das Wegdriften soll jedoch unbedingt vermieden werden, deshalb muß der Tattwa-Leiter beharrlich immer wieder auf die Spielregel hinweisen, daß alles laut und deutlich beschrieben werden soll. Es versteht sich, daß dabei ein gewisses Feingefühl erforderlich ist. Denn es könnte recht störend sein, wenn der Tattwa-Leiter auf jede kurze Pause sofort geistlos mit einer Aufforderung einspringt, alles laut zu beschreiben. Manchmal ist der Klient tatsächlich mit etwas beschäftigt, was erst hinterher geschildert werden kann. Seien Sie also nicht übereifrig!

Ausweichmanöver wie undeutliches Gemurmel oder stures Schweigen dürfen jedoch nicht geduldet werden. Sonst droht die ganze Tattwa-Reise in einen unnützen Tagtraum abzugleiten. Eine der Hauptaufgaben des Tattwa-Leiters besteht jedoch gerade darin, dies zu verhindern. Seien Sie dabei gleichzeitig sanft, aber bestimmt. Fahren Sie den Klienten also nicht an, wenn er Ihrer Aufforderung nicht sofort Folge leistet. Bleiben Sie aber unbeugsam, wenn er die beiden zu Anfang festgelegten Spielregeln verletzen will.

Klient: Ich möchte gerne in den See. Darf ich das?
Tattwa-Leiter: Selbstverständlich, es ist schließlich Ihre Reise und Ihre Element-Welt.
Klient: Ah, jetzt schwimme ich im Wasser, das ist wunderschön.
Tattwa-Leiter: Ist das Wasser warm oder kalt oder kühl...
Klient: Eher kühl und erfrischend... und ziemlich naß... plitsch, platsch!... (lacht)
Tattwa-Leiter: (lacht ebenfalls) Das macht Ihnen Spaß, wie?
Klient: Und ob! Herrlich ist das!
Tattwa-Leiter: Schön, genießen Sie es eine Weile und beschreiben Sie, wenn sich etwas ändern sollte.
Klient: Mmmhhmm... (längere Pause) Ich treibe auf der Wasseroberfläche wie eine Feder auf den Wellen, ja... federleicht.
Tattwa-Leiter: Liegen Sie auf dem Rücken oder auf dem Bauch?

Klient: Auf dem Rücken. Ich spiele »Toter Mann«, wenn Sie das kennen sollten...
Tattwa-Leiter: Ja, das kenne ich gut. (kurze Pause) Sagen Sie mal, wie sieht denn der Himmel eigentlich aus?
Klient: Strahlend blau ist der jetzt. Nicht ein Wölkchen zu sehen... ach, jetzt werde ich einfach mal untertauchen.
Tattwa-Leiter: Tun Sie das.

Kommentar: Wir bemerken, daß sich das Verhältnis zwischen dem Klienten und dem Tattwa-Leiter entspannt hat. Am Anfang hat der Klient zwar immer noch nicht zu seiner eigenen Entscheidungsfreiheit gefunden, denn er fragt den Tattwa-Leiter wieder, ob er in den See darf. Kurze Zeit später trifft er jedoch selbständig die Entscheidung zu tauchen. Das ist ein sehr gutes Zeichen: Es weist nicht nur darauf hin, daß sich ein gewisses Vertrauen aufgebaut hat, der Klient beginnt zudem zu lernen, daß er im Prinzip trotz der Hilfestellung des Leiters selbständig und auf sich allein gestellt ist. Auf der symbollogischen Ebene erfährt er also durch dieses nur scheinbar so belanglose Detail, daß er Verantwortung übernehmen muß – und kann!

Es ist auch sehr gut, daß der Tattwa-Leiter mit dem Klienten lacht, das zeugt von einer deutlichen Entkrampfung. Überhaupt gehört es ja auch zu den Aufgaben des Tattwa-Leiters, den Klienten immer zu unterstützen, wo dies nur möglich erscheint. Eine bejahende Atmosphäre fördert die Erlebnisintensität auf kaum zu überschätzende Weise.

Wir brechen den Erfahrungsbericht an dieser Stelle ab und werden ihn erst im 5. Kapitel fortsetzen, weil er uns etwas zeigt, worauf wir dort noch näher eingehen wollen. Das bisher Geschilderte hat wohl in Grundzügen deutlich gemacht, worauf es bei der angeleiteten Tattwa-Reise ankommt. Als nächstes wollen wir uns dem Problem der »Visionsreinheit« widmen.

Die »Reinheit« der Vision

Um das nun zu behandelnde Problem genauer verstehen zu können, ist es notwendig, ein wenig in die Geschichte zurückzureisen und uns mit der Tattwa-Arbeit früherer Zeiten zu befassen.

Wenn Sie in dem schon erwähnten *Orden der Goldenen Dämmerung* eine Tattwa-Reise gemacht hätten, hätten Ihre Ordensmentoren sehr stark auf etwas geachtet, was sie wohl als »die Reinheit der Vision« bezeichnet hätten. Darunter verstand man Ende des 19. Jahrhunderts eine ganz bestimmte Form der Symbolstringenz. Wir haben bereits festgestellt, daß die praktische Arbeit mit den Tattwas erst in diesem Orden nachweisbar ist. Nun war diese Bruderschaft aber vorwiegend magisch orientiert und richtete ihr Hauptaugenmerk vor allem auf alte geheimwissenschaftliche Traditionen.

Zu diesen Traditionen gehörten auch sogenannte *Korrespondenztafeln.* Das waren Tabellen, in denen alles mit allem in Verbindung gesetzt wurde, getreu dem hermetischen Gesetz des »Wie oben – so unten«. So wurde beispielsweise dem Planeten Venus das Metall Kupfer, die Zahl sieben und die Farbe grün zugeordnet, der Sonne dagegen das Metall Gold, die Zahl sechs und die Farbe gelb und so fort.Auf ganz ähnliche Weise wurde auch mit den Elementen beziehungsweise den Tattwas verfahren: Zu jeder Element-Sphäre gab es ganz präzise Analogien. Stimmten diese nicht, erfuhr der Adept also beispielsweise bei der Reise ins Feuer-Element, dem die Farbe rot zugehörte, überwiegend *blaue* Symbole, die von der Farbe her ins Wasser-Tattwa »gehört« hätten, so konstatierte man einfach, daß er folglich auch im falschen Element war.

Dahinter steht der Glaube an eine objektive und universale Gültigkeit aller Symbole. In einem gewissen Umfang mag diese auch tatsächlich gegeben sein; so wird man beispielsweise mit dem Feuer stets Begriffe wie »Hitze« oder »Trockenheit« verbinden, während man Eigenschaften wie »kalt« und »feucht« wohl eher dem Element Wasser zuordnet. Doch läßt sich daraus kein allgemeinverbindlicher Kanon von Analogien konstruieren, der einer genaueren Prüfung standhielte. Zwar wurde dies immer wieder versucht, doch darf man bei einer Bewertung dieser Tatsache nicht vergessen, daß die Psychologie damals noch in den Anfängen steckte und vieles mangels genauerer Forschungen nur rein subjektiv bleiben konnte.

Heute haben wir eine etwas andere Auffassung von der Tattwa-Reise. Wiewohl wir zwar in einem gewissen Umfang eine Allgemeingültigkeit der Symbole gelten lassen, gehen wir doch mit einer »unreinen« Tattwa-Vision inzwischen völlig anders um. Nehmen wir das erste unserer beiden obigen Beispiele: Die Reise ins Feuer-Tattwa verlief, was die Symbolik angeht, geradezu bilderbuchhaft. Farben und Erlebnisse waren stimmig, vom Überwiegen der Rot-Töne über die Energetisierung und den Bewegungsdrang des Körpers bis zu einer gewissen Ungeduld des Reisenden, schneller voranzukommen – dies alles entspricht der klassischen Feuer-Zuordnung, und ein Adept der *Golden Dawn* hätte wahrscheinlich seine wahre Freude daran gehabt.

Anders wäre es ihm jedoch bei der Reise ins Erd-Tattwa ergangen. Die dort vorherrschende Feuchtigkeit hätte er vielleicht noch durchgehen lassen, ebenso natürlich die Schwierigkeiten mit der Schwerkraft, die der Reisende anfänglich beim Gehen gehabt hat. Aber ein See? Noch dazu einer, in dem der Reisende badet? Das gehört doch »eigentlich« zum Element Wasser, nicht wahr? Und so hätte der Adept vor hundert Jahren kurzerhand geschlossen, daß sich unser Klient einfach ins falsche Tattwa verirrt hat.

Es hat einiger Arbeit bedurft, um den geistigen Quantensprung zu vollziehen, der aus diesem scheinbaren »Versagen« ein unschätzbares Instrument der Element-Diagnostik zu machen verstand. Heute stellen wir dazu fest, was in seiner Schlichtheit eigentlich schon immer auf der Hand hätte liegen müssen: Der Klient versucht, sein Erd-Element auf Wasser-Art zu leben! Diese Symbolik in konkrete Aussagen zu übersetzen, die das Alltagsleben betreffen, ist die eigentliche Kunst der Tattwa-Arbeit! Es ist tatsächlich eher eine Kunst als eine Wissenschaft, denn es gibt dabei keine »objektiven« Normen – die Gratwanderung zwischen kollektiver und subjektiver Symbolik ist eine recht heikle Angelegenheit und verlangt nach einer Menge Erfahrung und Fingerspitzengefühl.

Der Reisende braucht sich vor der Reise nicht unbedingt mit dem Element-System auseinandergesetzt zu haben. Es hat sich aber als sinnvoll erwiesen, ihn wenigstens in den Grundzügen mit dem Gerüst vertraut zu machen, so daß er wenigstens ungefähr weiß, worum es überhaupt geht. Bei der angeleiteten Tattwa-Reise läßt man ihn also nicht willkürlich durch irgendein Symboltor springen, vielmehr wird die Auswahl des Symbols und das, wofür es steht, kurz erläutert. Die Tattwa-Reise in Eigenregie dagegen wird wohl kaum durchgeführt werden, ohne daß sich der Reisende vorher sachkundig gemacht hat.

Dennoch ist es keineswegs so, als müsse einem Klienten unbedingt erst die Element-Symbolik nahegebracht werden, damit sich seine seelischen Strukturen daran anpassen. Wenn dem so wäre, dürften die Erfolge bei Reisenden ohne Vorkenntnisse nur gering sein, doch ist das genaue Gegenteil der Fall. Vergessen wir nicht, daß es sich bei den Elementen um kollektive Ur-Symbole handelt, die in jedem Menschen präsent sind, ähnlich wie die Komplexe der Psychoanalyse und die jungschen Archetypen.

Fassen wir diesen wichtigen Aspekt der Tattwa-Arbeit also noch einmal zusammen: *Die sogenannten »Verunreinigungen« der Symbol-Analogien der Tattwa-Sphären zeigen nicht etwa das Abgleiten in ein unerwünschtes Tattwa an, sie sind vielmehr in der Regel Indizien für seelische Störungen und Disharmonien auf der entsprechenden Element-Ebene.* Erst auf dieser Grundlage wurde eine echte Tattwa-Therapie überhaupt denkbar.

Denn nun kommt der für die gesamte Tattwa-Arbeit so wichtige Umkehrschluß: *Durch gezielte Veränderung (»Reinigung«) der Symbole innerhalb der Tattwa-Sphären lassen sich solche seelischen Störungen und Disharmonien beheben – was sich auch auf das körperliche Wohlbefinden auswirkt!*

Die Symbole zeigen also nicht nur etwas an, sie sind selbst Teil des pathogenen Symptoms und lassen sich wie dieses behandeln. Was dies konkret bedeutet, werden wir schwerpunktmäßig im 5. Kapitel behandeln.

Es dürfte jedoch deutlich geworden sein, um welch gewaltiges, kraftvolles Instrumentarium es sich bei der geschulten Tattwa-Arbeit gerade im therapeutischen Bereich handelt. Wenn wir von der psychosomatischen Grundannahme ausgehen, daß der größte Teil aller Erkrankungen seelische Ursachen hat; wenn wir ferner bedenken, daß wir durch die gezielte Tattwa-Reise gerade deshalb in Tiefenschichten der Seele hinabstoßen, weil wir auf einer reinen Bildebene agieren, ohne der Bildlichkeit, wie wir noch sehen werden, intellektuelle Konzepte überzuordnen; und wenn wir uns schließlich auch noch vor Augen halten, daß wir den oft so lästigen psychischen Zensor dadurch ausschalten, daß wir auf spielerische Weise mit den eigenen Symbolen umgehen und diese beeinflussen, also eine Art »Korrektur im Seelengemälde« ausführen, so wird wohl verständlich, weshalb dieser Ansatz so erfolgreich ist, vor allem, wenn er unter kundiger Leitung durch andere Therapien (beispielsweise Homöopathie,

Kräuterheilkunde oder auch schulmedizinische Heilmethoden) unterstützt wird oder diese seinerseits unterstützt.

Wächter, Führergestalten und Freunde in den Tattwa-Sphären

Sollten Ihnen während einer Tattwa-Reise Wächterfiguren begegnen, die Ihnen den Weg versperren wollen, so verlangen Sie von ihnen als erstes, sich zu identifizieren und ihren Namen sowie ihre Funktion preiszugeben. Gehen Sie dabei – wie überhaupt bei jeder Erstreise – vor wie in einem fremden Land, in dem Sie sich erst noch orientieren müssen. Seien Sie also zunächst höflich, dann bestimmt, und sollte dies alles nichts fruchten, so verjagen Sie die Gestalten mit einer kraftvollen Geste. (In einem späteren Kapitel werden wir noch einiges zum Umgang mit Hindernissen schreiben.) Sehen Sie in solchen Figuren etwas völlig Normales, und seien Sie sich stets darüber im klaren, daß diese Sie auf die Probe stellen wollen, um zu sehen, wie ernst es Ihnen mit Ihrer Reise in die Symbolwelt des Unbewußten ist. Hier hilft nur Entschiedenheit! Meistens treten derlei »Wesen« nur bei der Erstreise auf, und auch das keineswegs immer.

Sehr sinnvoll ist es, sich innerhalb einer jeden Tattwa-Sphäre eine Führergestalt oder einen beziehungsweise mehrere Freunde zuzulegen. Oft werden diese von allein auftreten. Seien Sie jedoch stets – wiederum wie in einem fremden, unbekannten Land – auf der Hut, ohne gleich mißtrauisch zu sein. Stellen Sie sich vor, erkundigen Sie sich nach dem anderen und entscheiden Sie erst dann, ob Sie mit dem Wesen Freundschaft schließen wollen. Als gute Taktik hat es sich erwiesen, diese Gestalten zu fragen, was sie einem beibringen können und wollen. Von ihnen erhalten Sie auch Hinweise für die Therapie und allgemeinen Rat, ihr Leben betreffend.

Haben Sie erst einmal mit einem Führer oder mehreren Wesen Freundschaft geschlossen, wird Ihre Tattwa-Reise in der Regel viel intensiver und nutzbringender verlaufen als ohne eine solche Hilfe. Freilich sollten Sie nicht gleich während der allerersten Reisen eine solche Begegnung anstreben: Orientieren Sie sich vielmehr erst eine Weile, bevor Sie sich daran machen, in der Symbolwelt tatsächlich auf Dauer Fuß zu fassen.

Übrigens müssen Führerfiguren (aber auch Wächter) nicht unbedingt menschliche Gestalt haben, das ist sogar vergleichsweise selten. Sehr häufig sind es Tiere, gelegentlich auch abstrakte geometrische Formen. Vergessen Sie jedoch nicht, daß diese Wesen »Spezialisten« sind und stets nur etwas über ihre eigene Sphäre beziehungsweise ihren Element-Bereich aussagen können. Es wäre töricht, von einer Gestalt im Luft-Tattwa Informationen zu verlangen, die ins Wasser-Tattwa gehören und umgekehrt.

Tattwa-Reise und Astralaustritt

Es wurde zu Anfang bereits erwähnt, daß im *Orden der Goldenen Dämmerung* die Tattwa-Reise zum Zwecke des Astralaustritts praktiziert, ja mit diesem gleichgesetzt wurde. Unabhängig davon, wie man zur Thematik des Astralaustritts stehen mag, bleibt doch festzuhalten, daß die Tattwa-Reise mit diesem tatsächlich einiges gemein zu haben scheint: So reist das Bewußtsein in andere Seinssphären und besitzt dort meistens einen eigenen Körper.

Dennoch bin ich der Meinung, daß man Tattwa-Reise und Astralaustritt nicht miteinander verwechseln sollte. Charakteristisch für das Astralwallen ist meistens die sogenannte »außerkörperliche Erfahrung« (auch OBE, vom englischen »out of body experience«) sowie (wenn auch nicht ausschließlich) ein Reisen durch die reale Alltagswelt. Wiewohl der Tattwa-Reisende geistig durch ein Symboltor tritt, hat er in der Regel keine Empfindung eines Körperaustritts. Im Gegenteil: je erfahrener er ist, um so enger bleibt er mit seinem physischen Körper verbunden, was es ihm auch ermöglicht, beispielsweise beim Autofahren oder während einer Unterhaltung gleichzeitig eine Tattwa-Reise durchzuführen. Zudem reist er stets nur durch die Element-Sphären, nicht aber durch die Alltagswelt.

Letzten Endes erscheint mir eine derartige Diskussion müßig, zumal sich die Experten auch über die Natur der Astralreise nicht alle einig sind, doch sollte hier der Vollständigkeit halber darauf hingewiesen werden. Sicherlich wäre hier noch manches zu erforschen – ein fruchtbares Terrain, das seiner Entdeckung harrt!

Das Vertrautwerden mit der Element-Symbolik

Wenn Sie praktisch versuchsweise mit Tattwas arbeiten wollen, können Sie dies natürlich sofort nach Lektüre dieses Kapitels tun. Auf längere Sicht werden Sie freilich eine größere Vertrautheit mit den Elementen benötigen, wenn Sie zu präzisen Analysen des Erfahrenen gelangen und entsprechende Veränderungen in den einzelnen Tattwa-Sphären vornehmen wollen. Im vorigen Kapitel wurden die einzelnen Tattwas in ihren Grundzügen vorgestellt. Der Laie mag nun einwenden, dieses Gerüst sei doch etwas zu dürftig, um bereits als solide Arbeitsgrundlage zu dienen. Tatsächlich genügt es aber vollauf, und dies aus Gründen, die zum Teil bereits angedeutet wurden. Wir wollen dieser Frage noch etwas genauer nachgehen, weil sie Ihre gesamte spätere Arbeit mit den Tattwas berührt.

Im 19. Jahrhundert war man allgemein der Auffassung, daß die Welt und das Universum wie eine Art riesiges Uhrwerk funktionieren, und dies nach festgelegten Gesetzen. Natürlich wußte man, daß der Mensch diese Gesetze noch längst nicht alle kannte, aber man war der Meinung, daß es nur eine Frage der Zeit sei, bis auch das allerletzte Geheimnis der Schöpfung endlich enthüllt würde. Ersteres stimmte zwar, letzteres aber nicht, wie sich herausstellte. Heute hat die Teilchenphysik unser doch recht selbstzufriedenes Uhrwerk-Universum gehörig aufgeweicht und läßt die Grenzen zwischen Objektivität und Subjektivität immer mehr verwischen: Experimentergebnisse hängen oft nur noch vom Beobachter oder vom Durchführenden ab, und das Universum ist wieder zu einem ziemlich magischen Ort geworden – als welchen es die Schamanen, Zauberer, Hexendoktoren und Okkultisten schon immer angesehen haben.

Aufgeweicht wurde auch der viel zu bequeme Glaube, es gäbe für jedes Symbol eine präzise, völlig exakte »Bedeutung«. Die Auffassung, »Objektivität« sei auf allen Ebenen nachweisbar, hat sich als falsch erwiesen. Das zyklische, symbol-orientierte und symbol-logische Empfinden und Denken des Unbewußten läßt derlei nicht zu, es verlangt gerade nach einer gewissen Unschärfe. Gewiß gibt es einige *kollektive* Symbole: Dem Element Feuer werden nun einmal die Eigenschaften »heiß« und »trocken« zugeordnet und nicht »kalt« und »feucht«, wie es beim Element Wasser der Fall ist. Doch diese archetypischen Analogien haben auch enge Grenzen, die selbst wiederum nicht hinreichend bestimmbar sind, als daß wir einen echten »Kollektiv-Kanon« der Entsprechungen aufstellen könnten. Dazu sind auch die Assoziationen zu subjektiv. Wo der eine die Rose vielleicht wegen ihrer roten Farbe dem Feuer-Element zuordnen möchte, hat der andere die Assoziation »Rose = Liebe = Wasser-Element« und so weiter.

Und so kommt es, daß keine zwei Tattwa-Welten miteinander identisch sind! Mit anderen Worten: Es bleibt Ihnen nicht erspart, Ihre *ganz persönliche* Element-Welt zu erforschen, Ihre ganz individuellen Analogien kennenzulernen. Das mag zu Anfang wie eine gewisse Überforderung aussehen, doch ist es viel einfacher, als mancher Laie oft glaubt. Zudem kann es auf sehr spielerische Weise geschehen und dadurch den Alltag auf nie gekannte Weise bereichern.

Freilich sollte man sein Wissen um die Elemente nicht ausschließlich auf der Tattwa-Ebene sammeln. Denn die Tattwa-Welt steht ja nicht im luftleeren Raum, sie weist eine enge Beziehung zur Welt des Alltags auf und ist, wenn man so will, einerseits ihre symbol-logische Spiegelung, andererseits aber auch ihr Ursprung und Kraftquell. Wenn wir die Tattwa-Sphären einmal als das »Innen« bezeichnen wollen, so ist die Alltagsrealität das »Außen«. Entsprechend sollten wir auch im Außen die Elemente erfahren und verwirklichen. Erst dies führt zu einer ganzheitlichen Persönlichkeit!

Aus diesem Grund bietet Ihnen dieses Buch auch in unregelmäßigen Abständen *Übungen* an, die Ihnen dabei helfen sollen, zu einer größeren Vertrautheit mit den Elementen zu gelangen. Es steht Ihnen natürlich frei, dieses Angebot anzunehmen oder auszuschlagen. Vielleicht versuchen Sie es aber gerade zu Anfang eine Weile mit unseren Übungen oder entwerfen eigene, ähnliche Praktiken.

Vertiefende Übungen

Übung 1

Nehmen Sie sich einen beliebigen *künstlichen* Gegenstand vor, beispielsweise einen Kugelschreiber oder ein Radio. Meditieren Sie nun eine Weile über seinen Tattwa-Aspekt und halten Sie das Ergebnis

Ihrer Meditation schriftlich fest. Dabei werden Ihnen die folgenden Fragen helfen.

- Welchem Grund-Tattwa ordne ich diesen Gegenstand zu und weshalb?
- Worin liegt sein *Erde*-Aspekt?
- Worin liegt sein *Wasser*-Aspekt?
- Worin liegt sein *Feuer*-Aspekt?
- Worin liegt sein *Luft*-Aspekt?
- Worin liegt sein *Äther*-Aspekt?

Übung 2

Nehmen Sie sich nun eine bestimmte Situation in Ihrem Leben vor, vielleicht ein besonders freudiges oder schmerzliches Ereignis, auf jeden Fall etwas, was Sie emotional stark berührt.

Verfahren Sie damit wie bei der obigen Übung, indem Sie die Situation also hinsichtlich ihrer einzelnen Tattwa-Aspekte gründlich beleuchten und untersuchen. Halten Sie auch diese Ergebnisse schriflich fest.

Übung 3

Nehmen Sie sich nun ein Problem vor, vor dem Sie augenblicklich stehen, beispielsweise eine akademische Prüfung, ein Bewerbungsgespräch oder bestimmte Geldsorgen.

Analysieren Sie das Problem wie schon in den beiden vorhergehenden Übungen geschehen. Wiederum schreiben Sie alles auf, was Ihnen dazu einfällt und Ihrer Meinung nach den Kern der Sache trifft.

Übung 4

Mit dieser Übung kommen wir zur eigentlichen praktischen Anwendung der Tattwa-Symbolik.

Gehen Sie das Problem aus der vorigen Übung nun unter dem Gesichtspunkt Ihres möglichen *Verhaltens*, also der Lösungsfindung an. Stellen Sie sich also in etwa folgende Fragen:

- Wie würde ich das Problem auf *Erde*-Weise angehen und lösen?
- Wie würde ich das Problem auf *Wasser*-Weise angehen und lösen?
- Wie würde ich das Problem auf *Feuer*-Weise angehen und lösen?
- Wie würde ich das Problem auf *Luft*-Weise angehen und lösen?
- Wie würde ich das Problem auf *Äther*-Weise angehen und lösen?

Wenn es sich um ein wirklich wichtiges Problem handelt, sollten Sie die Übung mehrfach durchführen, möglicherweise auch über mehrere Tage verteilt.

Übung 5

Beobachten Sie Menschen im Alltag auf ihr Element-Verhalten. Das können Sie zunächst ganz allgemein tun, indem Sie Ihre Bekannten beispielsweise in »Feuer-Typen«, »Wasser-Typen« und so weiter einordnen. Sollten Sie sich mit Astrologie befassen, so versuchen Sie jedoch, sich dabei nicht von Ihren Horoskopkenntnissen beeinflussen zu lassen. Nicht etwa, weil wir nichts von Astrologie hielten, sondern um die Unmittelbarkeit der Element-Erfahrung nicht zu gefährden. Denn das würde sonst bedeuten, daß Sie zwischen das Element-System der Tattwas und die beobachtete Person noch einmal die Struktur der astrologischen Elemente schieben würden. Selbstverständlich brauchen Sie sich als Astrologiekundiger nicht von Ihren bereits entwickelten Element-Assoziationen zu lösen, sie werden Ihnen im Gegenteil sogar ausgesprochen hilfreich sein. Aber beschränken Sie sich zunächst einmal nur auf die Elemente selbst.

Versuchen Sie als nächstes, im Verhalten anderer ganz gezielt auf bestimmte Elemente zu achten. Nehmen Sie sich beispielsweise einige Tage oder sogar eine Woche nur das Element Erde vor, danach das Element Wasser und so weiter. Suchen Sie also nach »Feuer-Verhaltensweisen« bei Ihren Kollegen, Freunden, Vorgesetzten, Verwandten; beobachten Sie, wer sich in Ihrer Umgebung vornehmlich nach Art des Elements Wasser verhält und so weiter.

Versuchen Sie, eine selektive Wahrnehmung zu trainieren, indem Sie möglichst ausschließlich nach dem behandelten Element Ausschau halten und die anderen für eine Weile beiseite lassen. Wenn Sie dies mit allen Elementen gemacht haben, sagen wir insgesamt fünf Wochen lang, werden Sie keinerlei Handbücher mehr brauchen, die Ihnen die Element-Analogien erklären oder aufzeigen – denn schon bald wird Ihr Unbewußtes Ihnen soviel Material liefern, wie Sie es kaum für möglich gehalten hätten.

Eine solche Schulung kann auch viel Vergnügen bereiten, wenn Sie sie mit Freunden oder Partnern gemeinsam betreiben und sich am Ende des Tages miteinander über Ihre Beobachtungen austauschen. Das wird Ihnen auch manche unverhoffte neue Anregung bescheren.

Mit der Zeit werden Sie feststellen, daß die Elemente nur sehr selten in ihrer Reinkultur auftreten. Die Zahl der Zweifelsfälle wird schon bald immer größer werden, und Sie werden vielleicht immer größere Schwierigkeiten haben, sich für ein einziges Element zu entscheiden, wenn Sie etwas oder jemanden auf einen Nenner bringen sollen. Möglicherweise fallen Ihnen stets zwei oder noch mehr Elemente ein, mit denen beispielsweise eine Person oder ein Gegenstand zu beschreiben ist. Das ist ein ausgesprochen gutes Zeichen, zeigt es doch an, daß Sie zunehmend zu differenzieren lernen. Denn obwohl die Symbole naturgemäß unscharf sind, sind sie dennoch nicht beliebig! Zudem lernen Sie auf diese Weise eine der Grundregeln ganzheitlichen Denkens: daß nämlich alles mit allem in Beziehung steht und daß diese Beziehungen sich aufdecken lassen, wenn man nur mit der ausreichenden Sensitivität darangeht. Dies gilt übrigens auch für die Tattwa-Therapie, wie wir noch sehen werden.

4. Kapitel

Praktische Anwendung: Entspannung, Selbsterforschung, Diagnose mit Tattwas

Sofern nicht ausdrücklich anders angegeben, gelten alle nun folgenden Hinweise und Empfehlungen sowohl für die selbständige als auch für die angeleitete Tattwa-Reise.

Tattwas als Instrument der Meditation und Entspannung

Die Einsatzmöglichkeiten der Tattwa-Reise sind vielfältig, weshalb hier in der Regel auch häufiger von »Tattwa-Arbeit« als von »Tattwa-Therapie« die Rede ist. Denn natürlich können wir mit den Tattwas zwar auch und gerade im therapeutischen Bereich sehr wirkungsvoll arbeiten, doch ist ihre Vielseitigkeit damit noch längst nicht erschöpft.

Ohnehin ist Vorbeugen immer besser als Heilen, und im Bereich der Prophylaxe, wie die Vorbeugung im medizinischen Jargon ja heißt, entfaltet die Tattwa-Reise ihre vielleicht größte Wirkung.

Grundsätzlich ist für alle Formen der Tattwa-Arbeit festzustellen, daß es stets vorzuziehen ist, nacheinander *sämtliche* Tattwas zu bearbeiten, wenn damit ein bestimmtes psychisches oder gesundheitliches Problem angegangen werden soll. Das Ideal der ganzheitlichen Medizin und Menschensicht versucht, alle Aspekte des Lebens zu verwirklichen und somit zur wahren Synthese zu finden. Anders dagegen der herkömmliche Rationalismus, der stark analytisch und monokausal orientiert ist und dementsprechend alles in seine Einzelbestandteile zerlegt, um zu einer *alleinigen* Ursache zu finden.

Wir können und wollen hier nicht das analytische Modell ausführlich mit dem ganzheitlichen vergleichen. Beide haben ihre Stärken und Schwächen, und in der allgemeinen Literatur tobt schon seit

Jahrhunderten in der einen oder anderen Form ein erbitterter Kampf um die »reine Lehre und Wahrheit«. Höchstwahrscheinlich liegt auch hier die Wahrheit mal wieder in der Mitte. Das äußert sich auch in dem Kompromiß, den wir bei der praktischen Tattwa-Arbeit häufig eingehen müssen: Oft ist es aus zeitlichen oder anderen Gründen nicht opportun oder durchführbar, sämtliche Tattwa-Sphären praktisch zu bearbeiten. So wird man in der Regel damit beginnen, zuerst nur jene Tattwas anzugehen, in denen die Hauptstörungen zu vermuten sind. Das erfordert freilich nicht nur eine genaue Kenntnis der einzelnen Elemente, sondern auch ein ausgeprägtes Fingerspitzengefühl für innerseelische und feinstoffliche Zusammenhänge.

Doch gehen wir gleich zur Praxis selbst über. Nehmen wir einmal an, daß Sie Ihre Entspannungsfähigkeit mittels Tattwa-Arbeit steigern wollen. Dies können Sie im Prinzip in jeder Tattwa-Sphäre tun, und tatsächlich sollten Sie auch jede Sphäre mindestens zwei- bis dreimal bereist haben, bevor Sie auf diese Weise damit arbeiten. Dann verfügen Sie nämlich bereits über einige Erfahrung und können nach Gefühl entscheiden, welches Element Sie zum Zwecke der Entspannung bereisen sollten. Betrachten Sie die ganze Angelegenheit durchaus wie eine Art Urlaubsreise, die Sie zur Erholung machen.

Scheuen Sie sich auch nicht, sich in der Tattwa-Sphäre zu verhalten wie sonst im Urlaub auch: »aalen« Sie sich also in der Sonne des Feuer-Tattwas, liegen Sie im Wasser-Tattwa ruhig faul am Strand oder lassen Sie sich von den Wellen tragen. Sie dürfen lediglich nicht versuchen, mittels Suggestion eine bestimmte gewünschte Landschaft zu erschaffen, wenn diese nicht von allein erscheinen soll. Vergessen Sie nie, daß Tattwa-Reisen nicht dasselbe sind wie gelenkte Phantasie-Reisen! Nehmen Sie die Elemente zunächst so hin, wie sie Ihnen entgegentreten. Natürlich können Sie jederzeit einen einmal besuchten Ort wieder aufsuchen, das ist sogar sehr zu empfehlen, weil Sie dadurch nämlich eine gewisse Festigkeit und symbol-logische Stabilität Ihrer inneren Seelenlandschaft erreichen.

Wollen Sie die Entspannung gezielt für bestimmte Körperbereiche einsetzen, so müssen Sie natürlich die entsprechende Element-Zuordnung vornehmen. Geht es Ihnen beispielsweise darum, ein nervöses Zucken zu beruhigen, wie es sich oft unter extremem Streß oder nach Operationen sowie bei manchen Nervenleiden äußert, würden Sie beispielsweise wohl als erstes das Feuer-Tattwa bereisen (*Zuord-*

nungsformel: Muskelzuckungen = fehlgeleitete Dynamik des Organismus = Entspannungsdefizit im Bereich des Elements Feuer), was freilich schon einer Selbsttherapie nahekommt, mit der wir uns erst im nächsten Kapitel ausführlicher befassen wollen. Leiden Sie dagegen vorübergehend unter Schlaflosigkeit, weil Ihnen die Gedanken ständig durch den Kopf »schwirren«, ohne sich zu beruhigen, so werden Sie eher Entspannung im Bereich des Luft-Tattwas suchen (*Zuordnungsformel:* übermäßige Gedankentätigkeit = fehlgeleitete Dynamik des Denkapparats = Entspannungsdefizit im Bereich des Elements Luft) und so weiter.

Sie können die Tattwa-Sphäre auch dazu verwenden, um eine der Entspannung förderlichere Umgebung aufzusuchen, als sie sonst beispielsweise in Ihrer Wohnung oder am Arbeitsplatz gegeben ist. Wenn Sie im Erd-Tattwa also bereits eine gemütliche Höhle kennen sollten, in der Sie sich richtig wohl und geborgen fühlen, so wird es oft genügen, diese für eine Weile aufzusuchen, um zu innerer Ruhe und Gelassenheit zu finden.

Sehr erfahrene Tattwa-Reisende führen auch innerhalb der Element-Sphären eine erneute Tiefenentspannung durch, weil dies die Wirkung erheblich erhöht. Allerdings setzt das voraus, daß Sie über eine sehr gute Trancebeherrschung verfügen. Denn der Anfänger neigt dazu, bei einer solchen Praktik in den Schlaf oder eine Tiefentrance abzugleiten, was nicht ganz ungefährlich ist: Die Tattwa-Arbeit öffnet uns die Schleusen des Unbewußten, aber sie tut es auf eine strukturierte Weise, bietet uns also gewissermaßen einen roten Faden, an dem sich die tiefenpsychischen Symbole und Inhalte kristallisieren können. Zu diesem roten Faden gehört unter anderem die Bewußtseinskontrolle. Ist diese nicht gegeben, kann es geschehen, daß das Bewußtsein von den Inhalten und Bildern des Unbewußten hoffnungslos überflutet und auf diese Weise beträchtlich verstört und verwirrt wird.

Es gibt eine ganze Reihe verschiedenster Entspannungstechniken. Sollten Sie bereits mit einigen wirksamen Systemen vertraut sein, können Sie ja mal zum Versuch eine Tattwa-Reise machen und die Wirkung vergleichen. Experimentieren Sie auch ruhig damit, andere Formen der Entspannung mit der Tattwa-Arbeit zu koppeln. In jedem Fall wird dies Ihre persönliche Praxis bereichern und Ihren

Erfahrungshorizont erweitern. Die intensive Arbeit mit Tattwas schärft die feinstoffliche Wahrnehmung und ermöglicht dem Menschen oft Dinge, zu denen er unter gewöhnlichen Umständen nicht fähig wäre. Man könnte die Tattwa-Reise auch als eine Form der *aktiven Entspannung* bezeichnen – fast immer werden Sie erfrischt, beschwingt und energiegeladen aus der Element-Sphäre zurückkehren, auch wenn Sie darin außerordentlich aktiv gewesen sein sollten. Das ist auch kein Wunder, denn für viele Menschen findet die einzige tägliche Entspannung bestenfalls im Schlaf oder im Traumzustand statt. Indem wir aber bewußt den Kontakt mit dem Unbewußten pflegen, entlasten wir den bewußten Verstand von dem ständigen Druck, der in unserer Kultur auf ihm lastet. Schon diese Entlastung allein wird als entspannend empfunden und ermöglicht es den Symbolen des Unbewußten, ihre heilkräftige Wirkung zu entfalten. Ähnlich wie einen Urlaub auch sollten Sie die Tattwa-Reise zum Zwecke der Entspannung also nicht übermäßig verplanen und von vornherein in festgelegte Bahnen lenken. Überlassen Sie es vielmehr weitgehend den Elementen selbst, Ihnen zu zeigen, »wo's langgeht«!

Der Begriff *Meditation* hat in den letzten Jahrzehnten eine ganze Reihe recht unterschiedlicher Bedeutungen angenommen, was nicht zuletzt von der verstärkten Begegnung zwischen östlichem und westlichem Gedankengut herrührt. Zwei der wichtigsten Definitionen wollen wir hier herausgreifen und sie im Zusammenhang mit den Möglichkeiten der Tattwa-Arbeit kurz beleuchten.

Die westliche *Meditation* ist eng mit der *Kontemplation* oder *Betrachtung* verwandt: Man meditiert beispielsweise *über* einen bestimmten Gegenstand, eine Lebenssituation, ein Problem und dergleichen. Es ist dies kein rein rationales Erfassen allein, vielmehr versucht der Meditierende, zum *Kern* des Betrachteten vorzustoßen und ihn gleichzeitig gedanklich und gefühlsmäßig zu erspüren. Oft nimmt diese Form der Meditation den Charakter einer innerseelischen Zwiesprache an.

Ganz ähnliches erleben wir auch auf der Tattwa-Ebene, beispielsweise wenn wir in einer Element-Sphäre Erkenntnisse das Element selbst oder ein bestimmtes Problem betreffend erhalten. Nicht selten geschieht auch dies über eine Zwiesprache mit den Symbolen, die mal die Form unbelebter Gegenstände, mal die Gestalt von Lebewesen annehmen können. Da die Tattwa-Arbeit nicht Selbstzweck ist, sondern hilft, unser Leben zu bereichern und unser Erfahrungsspektrum zu erweitern, liegt es nur nahe, sie zum Zwecke der Erkenntnisgewinnung zu nutzen. Indem Sie sich in einem kontemplativen Zustand dem Element nähern und es während der Reise aufmerksam beobachten, offenbart es Ihnen seine innersten Geheimnisse. Wie bei der gewöhnlichen Meditation auch, geschieht dies freilich vor allem in Form von Symbolen und Bildern.

Im dritten Kapitel haben Sie bereits einige Übungen kennengelernt, auf denen wir unsere Tattwa-Praxis aufbauen wollen. Die nun folgenden »Übungen« sind mehr als nur Training: Sie stellen vielmehr konkrete Anweisungen für den meditativen Umgang mit Tattwas auf der Ebene der Problembewältigung dar.

Übung 6

Nehmen Sie sich ein Problem vor, vor dem Sie augenblicklich stehen. Gehen Sie das Problem unter dem Gesichtspunkt Ihres möglichen *Verhaltens*, also der Lösungsfindung an. Stellen Sie sich also in etwa folgende Fragen und bearbeiten Sie jede der Fragen in Form einer eigenen Tattwa-Reise:

- Wie würde ich das Problem auf *Erde*-Weise angehen und lösen?

Dazu begeben Sie sich ins Erd-Tattwa, meditieren über Ihre Frage und harren der symbolischen Antworten, die Ihnen dabei zuteil werden.

- Wie würde ich das Problem auf *Wasser*-Weise angehen und lösen?

Dazu begeben Sie sich ins Wasser-Tattwa, meditieren über Ihre Frage und harren der symbolischen Antworten, die Ihnen dabei zuteil werden.

- Wie würde ich das Problem auf *Feuer*-Weise angehen und lösen?

Dazu begeben Sie sich ins Feuer-Tattwa, meditieren über Ihre Frage und harren der symbolischen Antworten, die Ihnen dabei zuteil werden.

- Wie würde ich das Problem auf *Luft*-Weise angehen und lösen?

Dazu begeben Sie sich ins Luft-Tattwa, meditieren über Ihre Frage und harren der symbolischen Antworten, die Ihnen dabei zuteil werden.

- Wie würde ich das Problem auf *Äther*-Weise angehen und lösen?

Dazu begeben Sie sich ins Äther-Tattwa, meditieren über Ihre Frage und harren der symbolischen Antworten, die Ihnen dabei zuteil werden. Suchen Sie im Äther-Tattwa, das Sie übrigens auf jeden Fall als letztes bearbeiten sollten, nach der *Synthese* zwischen den vier vorhergehenden Erfahrungen. Doch tun Sie dies nicht auf gewollte, erzwungene oder gar verkrampfte Weise. Es ist weitaus sinnvoller, um eine entsprechende Antwort zu *bitten*, als sie zu erzwingen – auch dies entspricht der inneren Struktur des Unbewußten mehr als das wollende Beherrschen, wie es der Verstand gerne praktiziert.

Die zweite Form der Meditation, die eher aus den östlichen Traditionen stammt, hat den Charakter der Versenkung, die meist mit Gedankenstille oder Konzentration, etwa auf ein Mantra, ein philosophisches Konzept oder ähnliches einhergeht. Sie ist oft ungegenständlich und arbeitet beispielsweise mit der ausschließlichen Konzentration auf den Atem, mit der Herstellung von Gedankenleere oder dem Verinnerlichen religiöser oder weltanschaulicher Inhalte (zum Beispiel »Unendlichkeit«, »Göttlichkeit« und so weiter).

Auch hierfür läßt sich die Tattwa-Arbeit wirkungsvoll einsetzen. Wenn Sie bereits mit einer bestimmten Meditationstechnik arbeiten sollten, könnten Sie diese beispielsweise in den unterschiedlichen Tattwa-Ebenen praktizieren, um ihr einerseits gewissermaßen eine bestimmte »Element-Färbung« zu verleihen, um andererseits aber auch die ur-eigenen Qualitäten der jeweiligen Element-Sphären kennenzulernen. Es lassen sich allerdings nur wenige praktische Hinweise für eine solche Arbeit geben. Wenn Sie bereits über Meditationserfahrung verfügen, werden Sie damit jedoch vielleicht die eine oder andere Anregung verwirklichen wollen.

Die folgende Übung dient der meditativen Erfahrung der Elemente, und Sie können sie selbstverständlich nach Belieben variieren.

Übung 7

- Meditieren Sie in der Welt des Erd-Tattwas, indem Sie es bitten, sich Ihnen zu offenbaren. Stellen Sie Gedankenleere her und lassen Sie alles auf sich einwirken, ohne dazu innerlich Stellung zu beziehen. Auf diese Weise wird sich das Element Ihnen offenbaren.

- Meditieren Sie in der Welt des Wasser-Tattwas, indem Sie es bitten, sich Ihnen zu offenbaren. Stellen Sie Gedankenleere her und lassen Sie alles auf sich einwirken, ohne dazu innerlich Stellung zu beziehen. Auf diese Weise wird sich das Element Ihnen offenbaren.

- Meditieren Sie in der Welt des Feuer-Tattwas, indem Sie es bitten, sich Ihnen zu offenbaren. Stellen Sie Gedankenleere her und lassen Sie alles auf sich einwirken, ohne dazu innerlich Stellung zu beziehen. Auf diese Weise wird sich das Element Ihnen offenbaren.

- Meditieren Sie in der Welt des Luft-Tattwas, indem Sie es bitten, sich Ihnen zu offenbaren. Stellen Sie Gedankenleere her und lassen Sie alles auf sich einwirken, ohne dazu innerlich Stellung zu beziehen. Auf diese Weise wird sich das Element Ihnen offenbaren.

- Meditieren Sie in der Welt des Äther-Tattwas, indem Sie es bitten, sich Ihnen zu offenbaren. Stellen Sie Gedankenleere her und lassen Sie alles auf sich einwirken, ohne dazu innerlich Stellung zu beziehen. Auf diese Weise wird sich das Element Ihnen offenbaren.

Halten Sie die Erfahrungen, so gut es geht, schriftlich fest (auch wenn Ihnen dabei die Sprache streckenweise versagen sollte).

Wiederholen Sie diese Übung nun, indem Sie danach fragen, welchen *Lebenssinn* jedes der Elemente Ihnen zu offenbaren vermag.

(Beachten Sie bitte, daß wir Ihnen hier ganz bewußt keine vorformulierten Fragen anbieten; Sie sollen vielmehr zu Ihren eigenen Formulierungen finden. Diese werden Ihrem persönlichen Wesen weitaus besser entsprechen als irgendwelche Standardsätze. Vergessen Sie nie, daß es schließlich um *Ihre* Tattwas, um *Ihre* Entwicklung, ja um *Ihr* Leben geht!)

Tattwas als Instrument der Innenschau und Selbsterforschung

Bisher sind wir noch nicht ausführlicher auf die Rolle eingegangen, welche die Element-Erfahrungen in Ihrem Leben spielen. Tatsächlich ist es jedoch so, daß *jede* Element-Reise einiges über den Zustand offenbart, in dem sich das betreffende Element in Ihnen befindet.

Abgesehen vom therapeutischen Nutzen der Tattwa-Arbeit hat diese auch noch den Vorteil, etwaige Sperren, Hemmungen und Blockaden innerhalb des eigenen Element-Haushalts zu offenbaren. Wenn Sie sämtliche Tattwas bereisen und dabei schwerpunktmäßig auf Hindernisse und so weiter achten, werden Sie mit Hilfe Ihrer schriftlichen Aufzeichnungen schon bald feststellen, wo es genau »hapert«, wo Ihre Stärken im jeweiligen Element-Bereich liegen und wo Sie wohl noch einiges an Bewußtseinsarbeit leisten müssen.

Tatsächlich vermag die Tattwa-Arbeit jenem, der mit ihren Symbolen und Bildern umzugehen versteht, eine derartige Selbstanalyse zu bescheren, wie er sie etwa bei der Psychoanalyse lange Zeit vergebens erwarten wird. Insofern leuchtet es natürlich ein, daß die Tattwas der Selbsterforschung unschätzbare Dienste erweisen können.

Nehmen wir ein Beispiel: Ein Reisender reist ins Feuer-Tattwa, weil er Probleme mit seiner sexuellen Potenz hat. In der Element-Sphäre des Feuers angekommen, stellt er fest, daß eines seiner Probleme darin besteht, seine Triebe durch einen intellektuellen Überbau zu relativieren und entschärfen, etwa indem er sich sagt, Sexualität sei nicht so wichtig, es gäbe Wichtigeres im Leben und so fort. Er kommt nach genauer Analyse zu dem Schluß, daß er sein Feuer-Tattwa mit dem Element Luft dominiert. Mit anderen Worten: Er dominiert seine Triebwelt mit intellektuellen Konzepten. Selbsterkenntnis ist bekanntlich der erste Schritt zur Besserung. Mit diesem Wissen in der Hand kann sich unser Reisender bereits daran machen, sein Triebleben von Verkopftheit zu befreien und zu einer natürlicheren, nicht von anderen Elementen überlagerten Triebstruktur zurückzufinden. Dies kann einerseits mit anderen therapeutischen oder bewußtseinsfördernden Praktiken erfolgen, in unserem Beispiel etwa durch eine Sexualtherapie, durch eine allgemeine Steigerung des Körperbewußtseins und so weiter. Es ist jedoch auch möglich, das »Planziel« durch gezielte Tattwa-Arbeit selbst anzusteuern, wie später noch gezeigt werden wird. Somit kann die Tattwa-Arbeit Hilfsdisziplin anderer Therapieformen und eigenständige Therapie zugleich sein.

Die Innenschau ist zunächst einmal ein *Akt der nichtwertenden Beobachtung*. Die Symbole werden so wahrgenommen, wie sie sich zeigen, werden also nicht suggeriert oder anderweitig manipuliert. Je größer die Vertrautheit mit den Elementen, um so präziser auch die Aussagen, die sich aufgrund der Element-Reise machen lassen: Um zu einer Feststellung wie der obigen zu gelangen, muß natürlich klar sein, *was* in der Feuer-Sphäre »feurig« und was »luftig« ist. Die Auswertung verlangt also Erfahrung und Fingerspitzengefühl, ein Gespür für die Unschärfe der Symbole einerseits und für ihre Eindeutigkeit andererseits. In diesem Sinne ist die Tattwa-Arbeit also eher eine Kunst als eine mechanistische Wissenschaft. Fundierte psychologische Kenntnisse sollten ebenso in sie einfließen wie eine ausgeprägte Menschenkenntnis.

Im Bereich der *Selbsterforschung* mit Hilfe von Tattwa-Reisen lassen sich, sorgfältige, gründliche Arbeit vorausgesetzt, eine ganze Reihe oft durchschlagender Erfolge erreichen. Ja es haben begeisterte Tattwa-Arbeiter schon die Behauptung gewagt, daß fünf einstündige Element-Reisen gute fünfzehn Jahre Psychoanalyse ersetzen! In der Tat gelangen wir durch den direkten Zugang zu den Symbolen mit Hilfe der Tattwas weitaus schneller in die Tiefenschichten der Psyche als mit eher verbal orientierten Praktiken.

Mit der folgenden Übung wollen wir Ihnen die Möglichkeit geben, durch die Tattwa-Arbeit zu einem fundierten Seelenspiegel auf der Grundlage der Element-Symbole zu gelangen.

Übung 8

Diese Übung sollten Sie über mehrere Tage verteilen, indem Sie jeweils immer nur ein Element pro Tag bereisen und die einzelnen Reisen danach sorgfältig auswerten wie beschrieben.

- Begeben Sie sich mit dem Vorsatz in eines der Elemente, es kennenzulernen und mit Hilfe der Reise Erkenntnisse über Ihre eigene innere Element-Struktur zu gewinnen.

- Gehen Sie stets *wertungsfrei* vor, wie ein neutraler Forscher. Versuchen Sie also, alles möglichst neutral und sachlich zu beobachten, ohne innerlich dazu Stellung zu beziehen. Sollten dabei Emotionen auftreten, beobachten Sie auch diese völlig sachlich und dokumentieren Sie sie.

- Sollten Ihnen manche Symbole unverständlich sein, so bitten Sie die Symbole *noch während der Tattwa-Reise*, sich Ihnen in einer Form zu erklären, die Sie verstehen können. Weigert sich ein Symbol beharrlich, dies zu tun, so gehen Sie zum nächsten weiter oder brechen Sie die Reise ab.

- Vermeiden Sie jegliche Erwartungshaltung. Alles, was Sie wahrnehmen (und sei es auch »nichts«), ist eine konkrete Aussage über den Zustand Ihres Element-Haushalts. Nehmen Sie dies auch dann hin, wenn es Ihnen unangenehm sein sollte.

- Machen Sie nach Beendigung der Reise eine kleine Pause, in der Sie sich möglichst mit etwas völlig anderem befassen als mit Ihrem Anliegen der Selbsterforschung durch Tattwa-Arbeit. Nach der Pause setzen Sie sich dann möglichst gründlich mit Ihrer Reise auseinander. Stellen Sie sich beispielsweise folgende Fragen und halten Sie die Antworten schriftlich fest:
– Wie »rein« ist das Element von seiner Symbolik her gewesen? Welche anderen Elemente waren darin enthalten? (Benennen Sie in diesem Fall auch die Symbole, die Ihnen dies anzeigen.)
– Was sagen die eventuell vorhandenen Fremdelemente über den

Zustand meines Elements aus? (Setzen Sie diese Erkenntnis möglichst plastisch in klar verständliche Aussagen um.)
– An welchen konkreten Lebenssituationen und Verhaltensweisen zeigt sich bei mir die Mischung beziehungsweise Überlagerung der Elemente?
– An welchen konkreten Lebenssituationen und Verhaltensweisen zeigt sich bei mir die Reinheit des Elements?
– Welche Aspekte des Elements sind mir unverständlich, zu welchen bekomme ich nur sehr schwer Zugang (oder überhaupt keinen)?
– Wo liegen meine Stärken in diesem Element?
– Wo liegen meine Schwächen in diesem Element?
• Wiederholen Sie die Übung mit den anderen Elementen, bis Sie einen kompletten Element-Spiegel erhalten.
• Gehen Sie diesen Element-Spiegel noch einmal gründlich auf etwaige Auslassungen, Widersprüche und Fehler durch.
• Erstellen Sie daraus eine Liste jener Bereiche, in denen Sie an sich arbeiten wollen oder müssen.
• Entwickeln Sie aus dieser Liste wiederum ein Arbeits- und Entwicklungsprogramm zur Harmonisierung Ihres Element-Haushalts auf der Alltagsebene.

Wenn Sie sich noch ein wenig davon überfordert fühlen sollten, die Übung in ihrer hier vorgestellten ausführlichen Form anzugehen, sollten Sie sich im nächsten Kapitel über das Thema »Reinigung der Elemente« vor allem unter dem Gesichtspunkt des Erkennens von »Verunreinigungen« zusätzliche Anregungen holen. Sollten Sie einen erfahrenen Tattwa-Leiter kennen, so kann dieser die Übung auch mit Ihnen zusammen durchführen und Ihnen bei der Erstellung der Listen und des sich daraus ergebenden Arbeitsprogramms behilflich sein.

Im Prinzip haben wir mit der obigen *Übung 8* bereits einen gründlichen Seelenspiegel erarbeitet, der uns hinreichend Auskunft über unsere Stärken und Schwächen im Element-Haushalt gibt. Es lassen sich jedoch auch ganz gezielt die Schwächen und Blockaden ermitteln und bearbeiten. Das ist vor allem bei der Diagnose von Erkrankungen vorrangig, zumal es etwas schneller zu bewerkstelligen ist als die vollständige Element-Arbeit. Ein Nachteil der ganzheitlichen Bewußtseinsarbeit bei der Therapie besteht darin, daß sie in der Regel nur längerfristig wirksam ist und akute Beschwerden demzufolge nur unzulänglich behandelt werden können. Das liegt natürlich zu einem wesentlichen Teil auch am Patienten selbst, der meistens erst dann um Hilfe bittet, wenn die Symptome bereits unerträglich geworden sind, anstatt sich schon vorher einer gründlichen Vorsorge und Prophylaxe zu widmen.

Doch abgesehen vom rein therapeutischen Ansatz bietet uns die Bewußtmachung unserer Blockaden innerhalb der Elemente auch ein hervorragendes Instrument der allgemeinen Sinn- und Selbstfindung. Um dies zu fördern, bietet sich die nun folgende Übung an.

Übung 9

Auch diese Übung sollten Sie über mehrere Tage verteilen, indem Sie jeweils immer nur ein Element pro Tag bereisen und die einzelnen Reisen danach sorgfältig auswerten wie beschrieben.

- Begeben Sie sich mit dem Vorsatz in eines der Elemente, etwaige darin befindliche Blockaden und Hemmungen kennenzulernen und mit Hilfe der Reise Erkenntnisse darüber zu erlangen.

- Gehen Sie stets *wertungsfrei* vor, wie ein neutraler Forscher. Versuchen Sie also, alles möglichst neutral und sachlich zu beobachten, ohne innerlich dazu Stellung zu beziehen. Sollten dabei Emotionen auftreten, beobachten Sie auch diese völlig sachlich und dokumentieren Sie sie.

- Sollten Ihnen manche hemmenden Symbole (zum Beispiel undurchlässige Mauern, Wächtergestalten, die Ihnen den Durchtritt verwehren und ähnliches) unverständlich sein, so bitten Sie die Symbole *noch während der Tattwa-Reise*, sich Ihnen in einer Form zu erklären, die Sie verstehen können. Weigert sich ein Symbol beharrlich, dies zu tun, so gehen Sie zum nächsten weiter oder brechen Sie die Reise ab.

- Vermeiden Sie jegliche Erwartungshaltung.

• Machen Sie nach Beendigung der Reise eine kleine Pause, in der Sie sich möglichst mit etwas völlig anderem befassen als mit Ihrem Anliegen der Selbsterforschung Ihrer innerseelischen Blockaden durch Tattwa-Arbeit. Nach der Pause setzen Sie sich dann möglichst gründlich mit Ihrer Reise auseinander. Stellen Sie sich beispielsweise folgende Fragen und halten Sie die Antworten schriftlich fest:
– Welche Funktion erfüllen meine Blockaden, inwieweit *dienen* sie sogar meinem Wohlbefinden und meiner Lebenssicherheit?
– An welchen konkreten Lebenssituationen und Verhaltensweisen zeigen sich bei mir die Blockaden innerhalb des Elements?
– Welche Aspekte der Elementblockaden sind mir unverständlich, zu welchen bekomme ich nur sehr schwer Zugang (oder überhaupt keinen)?
– Welche Blockaden halte ich nach meiner Reise für sinnvoll?
– Welche halte ich für abschaffenswert?

• Wiederholen Sie die Übung mit den anderen Elementen, bis Sie eine möglichst vollständige Übersicht über Ihre symbolischen Blockaden erhalten.

• Gehen Sie diese Übersicht noch einmal gründlich auf etwaige Auslassungen, Widersprüche und Fehler durch.

• Erstellen Sie daraus eine Liste jener Bereiche, in denen Sie an sich arbeiten wollen oder müssen.

• Entwickeln Sie aus dieser Liste wiederum ein Arbeits- und Entwicklungsprogramm zur Harmonisierung Ihres Element-Haushalts auf der Alltagsebene.

Bitte beachten Sie bei dieser Übung: Nicht jede Blockade ist unbedingt schädlich! Vieles wird nicht ohne guten Grund verdrängt oder innerseelisch für eine Weile »auf Eis« gelegt. Erstens läßt sich einiges vom Unbewußten weitaus besser verarbeiten und in konstruktive Energie umwandeln, als dies das Bewußtsein könnte. Zweitens kann es durchaus vorkommen, daß Sie für manche Probleme und Streßsituationen aus verschiedensten Gründen im Augenblick nicht reif oder bereit sind. Wer beispielsweise gerade mit dem physischen

Überleben kämpfen muß, sei es durch Krankheit, durch Armut oder durch äußere Ereignisse wie Krieg, Naturkatastrophen oder ähnliches, der hat einfach nicht die Energie, um sich darüber hinaus beispielsweise auch noch mit subtilen Fragen der eigenen Liebesfähigkeit oder der problematischen Elternbeziehung auseinanderzusetzen.

Manche Blockaden haben sogar einen ausgesprochen konstruktiven Charakter, schützen Sie uns doch vor Erfahrungen und Traumata, die wir im gegenwärtigen Stadium unserer Entwicklung nur schwer oder überhaupt nicht verkraften würden. Andererseits gehört es oft zum Wesen von Blockaden, sehr subtil zu sein und ihren wahren Charakter zu verschleiern.

Aus diesem Grund ist es besonders wichtig, sich genauestens darüber Klarheit zu verschaffen, welche Funktion eine Blockade erfüllt, bevor wir zu ihrer Beseitigung schreiten. Vergessen Sie bei dieser Übung bitte auch nicht, daß Blockaden keineswegs immer in Form von unüberwindbaren Hindernissen auftreten müssen. Oftmals sind sie kaum bemerkbar, und rein technisch gesehen gehören »Verunreinigungen« der Tattwa-Sphäre ebenfalls dazu.

Sollten Sie keiner Blockade begegnen, so dürfen Sie sich natürlich freuen: Wir wollen hier ganz gewiß nicht suggerieren, daß Sie unbedingt Blockaden haben *müssen*! Freilich sind schonungslose Offenheit und Ehrlichkeit sich selbst gegenüber angezeigt, denn mit Selbsttäuschung ist niemandem gedient.

Auch für diese Übung gilt: Wenn Sie sich noch ein wenig davon überfordert fühlen sollten, unsere Ratschläge in ihrer hier vorgestellten ausführlichen Form anzugehen, sollten Sie sich im nächsten Kapitel über das Thema »Reinigung der Elemente« vor allem unter dem Gesichtspunkt des Erkennens von »Verunreinigungen« zusätzliche Anregungen holen. Sollten Sie einen erfahrenen Tattwa-Leiter kennen, so kann dieser die Übung auch mit Ihnen zusammen durchführen und Ihnen bei der Erstellung der Listen und des sich daraus ergebenden Arbeitsprogramms behilflich sein.

Die in diesem Kapitel empfohlenen Übungen führen schon recht tief in die »richtige« Tattwa-Praxis hinein. Sie werden selbst erkannt haben, wie stark sie auf das Vorausgehende aufbauen. Sie brauchen aber noch nicht sofort damit anzufangen, alles praktisch umzusetzen, ja es empfiehlt sich ohnehin, das gesamte Buch zuerst durchzulesen, bevor Sie sich Ihr eigenes Arbeitsprogramm zusammenstellen. Zusammen mit unserer Checkliste aus dem zweiten Kapitel haben Sie dann alle erforderlichen Informationen zur Hand, die Sie für eine erfolgreiche Arbeit benötigen.

5. Kapitel

Praktische Anwendung: Tattwas und Selbsttherapie

Tattwas und Selbstbefragung

Angenommen, Sie leiden, was ja heutzutage leider schon fast die Regel ist, ständig unter starken Verspannungen im Schulter- und Nackenbereich. Das mag mit Ihrem Beruf zu tun haben, etwa bei sitzender Tätigkeit an der Schreibmaschine, am Computer oder am Steuer, vielleicht liegt es aber auch an persönlichem Streß. Ihre bisherigen Therapien verschafften Ihnen anfangs etwas Linderung, dennoch treten die Symptome, wie so häufig, immer wieder auf, und zwar vor allem dann, wenn Sie sie am wenigsten gebrauchen können. Sie beschließen, das Problem auf der innerseelischen Problemebene anzugehen.

Aufgrund Ihrer bisherigen Erfahrungen mit den Tattwas gelangen Sie zu der Zuordnungsformel »Verspannungen = fehlgeleitete Festigkeit = Störung im Erd-Element«. Folglich machen Sie eine Reise ins Erd-Tattwa, um dort Rat und Hilfe einzuholen. Nach dem Eintritt in die Element-Sphäre heben Sie nun die Arme und bitten das Erd-Element, Ihnen einen Führer und Ratgeber zu senden, dem Sie Ihr Anliegen vortragen können. (Es empfiehlt sich, stets die Form der Bitte zu wählen – vergessen Sie nicht, daß das Unbewußte oft recht kindlich fühlt und denkt und auf entsprechende Reize besonders willig und zuvorkommend reagiert.)

Nach einer Weile des Umherwanderns in der Erd-Sphäre begegnet Ihnen plötzlich eine Gestalt: ein etwas gedrungener, dicklicher alter Mann mit verknorpelten Gelenken und kahlem Schädel. Also keine Figur, wie man sie sich vielleicht auf der Suche nach einem »hochgeistigen« Führer erwartet hätte. Sie sind zunächst etwas mißtrauisch, begrüßen die Gestalt aber höflich und stellen sich vor. Der Mann nennt Ihnen seinen Namen und teilt Ihnen auf Anfrage mit, daß er gekommen sei, um Ihrer Bitte zu entsprechen.

Sie teilen ihm Ihr gesundheitliches Problem mit und bitten um Rat, was Sie dagegen tun können, um Ihre Beschwerden zu lindern oder gar endgültig zu beheben. Der Mann sieht Ihnen tief in die Augen, dann streicht er mit der Hand über Ihre Stirn und sagt: »Du grübelst zuviel nach.« Das genügt Ihnen jedoch nicht als Auskunft, wenngleich Sie zugeben müssen, daß er durchaus recht hat. Sie wenden ein, daß Sie es schon mit Tiefenentspannung und Meditation versucht haben, daß Sie regelmäßig Entspannungsübungen versuchen und bereits erkannt haben, daß Sie sich tatsächlich viel zu viel Sorgen um Kleinigkeiten machen, daß Sie die Sache aber dennoch nicht in den Griff bekommen.

Der Mann lächelt und fährt fort: »Streichle vierzig Tage lang täglich zweimal die Erde.« Danach ist die Audienz, das merken Sie, beendet. Sie bedanken sich und fragen, wie Sie sich für den Rat (von dem Sie allerdings, ehrlich gesagt, doch ein wenig enttäuscht sind) revanchieren können. Der Mann schüttelt den Kopf und lacht lautlos, dann ist er verschwunden.

Sie kehren von der Tattwa-Reise zurück und sind zunächst einmal ratlos. Soll das alles sein? Soviel Aufwand für eine derartig banale Empfehlung? Vierzig Tage lang zweimal täglich die Erde streicheln? Das erscheint Ihnen doch etwas albern. Was sollen die Leute denken, wenn Sie sich plötzlich beim Spaziergang bücken und zärtlich mit der Hand über den Boden fahren?

Doch nach einer Weile hat sich Ihr psychischer Zensor wieder beruhigt, und Sie machen sich klar, daß Sie schließlich nichts zu verlieren haben. *So* schlimm kann es ja nicht sein, eine derart simple Geste wie das Streicheln von Erde durchzuführen, und schaden wird es bestimmt auch nichts.

Also machen Sie sich an die Arbeit. Da Sie besonders gründlich vorgehen möchten, legen Sie bestimmte Zeiten für Ihre kleine Übung fest. Darüber hinaus führen Sie Ihre bisherigen Therapien durch wie bisher. Allerdings sind vierzig Tage eine recht lange Zeit, und manches Mal schrecken Sie am Anfang beim Einschlafen empor, weil Sie *doch* vergessen haben, Ihre Übung durchzuführen.

Doch schon bald geschieht das schier Unglaubliche: Bereits drei Wochen nach Ihrer Tattwa-Reise bemerken Sie die ersten nachhaltigen Besserungen, und noch bevor Ihre Übungsperiode beendet ist, sind Sie völlig frei von Beschwerden! Vor Freude vergessen Sie fast, die Übung vorschriftsmäßig zu Ende zu führen. Als die vierzig Tage vorüber sind, reisen Sie erneut ins Erd-Tattwa, um sich bei Ihrem Ratgeber zu bedanken. Der grinst Sie nur an und gibt Ihnen eine weitere Übung an, mit deren Hilfe Sie den Heilerfolg stabilisieren und einen etwaigen Rückfall verhindern können: Diesmal sollen Sie sechzig Tage lang täglich zweimal ein bestimmtes »Wort der Kraft«, wie er es nennt, denken. Sie sind so klug, den Rat zu befolgen, und der Erfolg gibt Ihnen recht. Knapp hundert Tage nach Beginn Ihrer Selbstheilungsaktion können Sie sich als völlig geheilt betrachten.

Ein Märchen? Ein Wunder? Wir können nicht von Ihnen erwarten, daß Sie eine solche Geschichte kritiklos hinnehmen und glauben. Dennoch kann ich aus persönlicher Erfahrung bestätigen, daß derartige Fälle bei der Tattwa-Therapie nicht die Ausnahme, sondern die Regel sind! Glauben Sie nichts – überprüfen Sie die Methode selbst und stellen Sie fest, ob »etwas dran« ist oder nicht, das Ergebnis wird Sie verblüffen.

Es gibt auch eine recht einleuchtende Erklärung dafür, weshalb ein simples Ritual wie das Streicheln der Erde in unserem Beispiel allen anderen Therapieformen den Rang abzulaufen imstande ist, ohne sie allerdings unnötig zu machen. Wenn wir bedenken, daß unser Unbewußtes nicht nur die Ursache unserer psychosomatisch bedingten Erkrankungen kennt, sondern auch über die erforderlichen Heilkräfte verfügt, um sie zu beheben, nimmt es eigentlich wunder, daß wir uns nicht öfter dieser Wissens- und Heilungsquelle bedienen. Gerade dies aber tun wir bei der Tattwa-Arbeit: Indem wir die Symbole ernstnehmen und uns mit ihnen unterhalten, wie mit allem, was wir im Alltag als real ernstnehmen, auch, erschließt sich uns ihr Wissen. Erhalten wir nun die Empfehlung, im *Alltag* (der ja unser Bewußtsein ständig beeinflußt) dieses Wissen in symbolischer Form etwa durch ein kleines Ritual wie das geschilderte zu integrieren, schließen wir damit die »Heilquelle Unbewußtes« auf völlig bewußte, bejahende Weise an unseren gewöhnlichen Realitätskreislauf an und speisen darin ihre Ströme und Kräfte ein.

Die Erfahrung hat gezeigt, daß man bei der Tattwa-Therapie stets nach Möglichkeiten suchen sollte, das in der Tattwa-Sphäre erhaltene Wissen auf *praktische*, ja möglichst *körperliche* Weise im Alltag einzubauen. Rein psychologisch gesehen richtet der Zwang, zweimal am Tag die Erde zu streicheln, unsere Aufmerksamkeit auf den gewünschten Heilungsprozeß, ohne ihn jedoch zu intellektualisieren. Wir begehen eine symbolische, ja fast kindliche Handlung, etwas, was skeptische Zeitgenossen wohl als »irrational« abtun würden. Gerade dadurch aber durchbrechen wir den durch die langwierige Erkrankung festgeschriebenen *Mißerfolgs-Kreislauf* und geben dem Unbewußten somit eine Chance, sich auf heilende Weise zu manifestieren.

Aus diesem Grunde ist es auch sehr wichtig, daß wir auf *spielerische* Weise mit unseren Beschwerden umgehen. Ein Akt wie das Streicheln der Erde mag zwar unseren gewohnten Lebensrhythmus etwas durcheinanderbringen und somit am Anfang ausgesprochen lästig sein, aber er ist eine Art Spiel, er läßt das »heilende Kind« in unserem Inneren erwachen und gibt ihm Handlungsspielraum. Die symbolische Tat korrigiert, wie wir noch öfter sehen werden, die Schwächen, Blockaden und Hindernisse, die in der inneren Symbolwelt stören und sich nach dem Prozeß der Psychosomatik in körperlichen Störungen artikulieren.

Einer der interessantesten Aspekte der Tattwa-Therapie ist der, daß man nicht an die Wirksamkeit der Methode zu glauben braucht! Selbstverständlich ist eine offene, unvoreingenommene Haltung für einen Erfolg gefordert, doch spielt das intellektuelle Akzeptieren der Technik nur eine untergeordnete Rolle. Da mit den Kräften der innerseelischen Symbolebene gearbeitet wird, ist das Bewußtsein nur sekundär beteiligt. Allerdings ist es eine Grundvoraussetzung, daß man keine heftige Ablehnung gegen die Tattwa-Arbeit hegt, und sei diese noch so rational kaschiert: Damit werden emotionale Sperren und Blockaden aufgebaut, die den freien Fluß der Heilungsenergie behindern und stören. Derlei Fälle mittels der Tattwa-Therapie zu behandeln, ist äußerst schwierig und gelingt meist nur durch langwieriges »Aufweichen« der skeptisch-voreingenommenen Haltung der Klienten.

Wichtige Warnung: Begehen Sie nicht den Fehler, sich in der Tattwa-Sphäre Ratschläge für die Einnahme von Medikamenten geben zu lassen! Gewiß, das Unbewußte verfügt über einen viel reicheren Wissenschatz als das Bewußtsein, doch ist dieser ein symbolischer, er arbeitet mit Bildern und Mythen. Denken Sie stets an die für das Symbol so lebenswichtige *Unschärfevariable*! Allzu präzise Anleitungen, womöglich mit genauen Dosierungsanleitungen, erweisen sich in den allermeisten Fällen als gefährlicher Irrweg, als Gaukelei der Symbolwelt, die dem auf Überpräzision erpichten Bewußtsein einen Streich spielen will. Kleine rituelle Handlungen, selbst wenn diese recht kompliziert sein sollten und Ihren normalen Tagesablauf durcheinander bringen, sind stets von größter Wirksamkeit – doch so wie das »kindliche« Unbewußte auch keine Fremdworte und abstrakte philosophische Konzepte schätzt, so verfügt es auch nicht über das Wissen des Pharmakologen. Beachten Sie in unserem obigen Beispiel, daß der Ratgeber dem Reisenden nicht einmal eine genaue Hand- oder Fingerhaltung beim Streicheln der Erde vorgeschrieben hat. Ja er hat ihm nicht einmal befohlen, nur die Erde in der freien Natur zu benutzen. Er hat es ihm und seiner Intuition überlassen, die Erde in einem Blumentopf zu verwenden oder für das Heilungsritual eigens ein abgelegenes Waldstück aufzusuchen! Das mag den an präzise Regeln gewohnten Verstand zunächst ein wenig frustrieren, doch entspricht es ganz genau dem Wesen der Symbolwelt: Die unscharfe, aber dennoch gegebene Kontur ist weitaus wichtiger als das pedantische Ausmalen aller Einzelheiten. Anstatt sich über ungenaue Angaben zu ärgern, sollten Sie sich also lieber über den großen Spielraum freuen, der Ihnen dadurch beschert wird! Nutzen Sie diesen Freiraum, indem Sie Ihrer Phantasie freien Lauf lassen, und der Erfolg wird Ihnen bestätigen, was alle Naturvölker schon seit Jahrtausenden wissen: *Die Symbolwelt des Unbewußten ist der Schlüssel zu Heilung und Lebensglück!*

Die »Element-Taufe«

Eine der wohl angenehmsten, entspannendsten und heilkräftigsten Erfahrungen bei der Tattwa-Reise ist die sogenannte *Element-Taufe*. Nehmen wir uns ein Beispiel aus der Praxis vor, um dies zu veranschaulichen.

Erfahrungsbericht (Auszug): Angeleitete Reise ins Feuer-Tattwa

(Weibliche Tattwa-Reisende, 54 Jahre, Erstreise)

Die unter starker Kurzsichtigkeit leidende Reisende gelangt nach ihrem Eintritt in die Tattwa-Sphäre zunächst auf eine heiße, trockene Ebene aus rotem Sandstein. Eine Weile später befindet sie sich in einem vulkanischem Gebirge. Hier setzt unser Erfahrungsbericht ein.

Tattwa-Leiter: Was nehmen Sie wahr?
Klientin: Um mich herum ist es recht hell, der Himmel ist immer noch blau und klar. Die Felsen sind von einer fast schwarzroten Farbe und sehr porös... (Pause)... Dort hinten zur Rechten wird der Horizont ganz rot, wie von einem Flammenmeer. Es sieht interessant aus.
Tattwa-Leiter: Was wollen Sie tun?
Klientin: Ich glaube, ich werde dort hingehen. Ja, das tue ich jetzt.
Tattwa-Leiter: Wie ist die Bodenbeschaffenheit?
Klientin: Festes, poröses Gestein, das aber merkwürdig unter den Füßen federt. Ich steige vom Gipfel herab, ein schmaler, natürlicher Pfad führt in die Tiefe. Am Horizont wird der Feuerschein immer greller... (Pause)... Jetzt gelange ich auf ein Plateau, das sich bis zum Horizont erstreckt. Mir wird immer wärmer.
Tattwa-Leiter: Ist Ihnen das angenehm oder unangenehm?
Klientin: Eher angenehm, aber ich weiß, daß es dort hinten noch viel heißer wird. Mal sehen, wie gut ich das aushalte. Ich kann ja schließlich jederzeit zurück, nicht wahr?
Tattwa-Leiter: Selbstverständlich.
Klientin: Wieviele Personen verlieren Sie eigentlich im Schnitt bei solchen Reisen? (lacht)
Tattwa-Leiter: (lacht ebenfalls) Ach, höchstens zehn Prozent. Nein, keine Sorge, bisher ist noch jeder wieder zurückgekommen.
Klientin: Gut. Ich glaube, ich werde mal ein bißchen schneller gehen, das dauert mir sonst zu lang, bis ich am Ziel bin.
Tattwa-Leiter: Wie Sie wollen. Sie können ja auch zusätzliche Kraft aus dem Erdboden ziehen, wenn Ihnen danach sein sollte.
Klientin: Gute Idee. Ja, das fördert so richtig meine Sprungkraft.

Ich hüpfe jetzt förmlich dahin… (Pause) Ah, jetzt sehe ich auch schon den Rand des Plateaus.
Tattwa-Leiter: Wie sieht die restliche Landschaft aus?
Klientin: Eigentlich unverändert, immer noch felsig und kahl. Ich drehe mich um… ja, die Berge sind ziemlich zerklüftet und schroff, das ist mir vorher noch gar nicht so aufgefallen. Nun gelange ich an den Rand des Felsenplateaus… er fällt ganz steil ab, wie eine Felsenklippe… (längere Pause)
Tattwa-Leiter: Was nehmen Sie wahr?
Klientin:… Wie? Ach so, ja, ich muß ja sprechen. Entschuldigen Sie, ich war so in den Anblick vertieft… (Pause) Wissen Sie, das ist ganz phantastisch – ein einziges Flammenmeer, und ich stehe gewissermaßen am Steilufer und blicke hinunter.
Tattwa-Leiter: Ist es heiß?
Klientin: Sehr heiß sogar, aber es macht mir merkwürdigerweise nichts aus… (lacht) Ich habe mich anscheinend schon recht gut akklimatisiert. Wirklich ein unglaublich schöner Anblick. Ich hätte fast Lust hineinzuspringen.
Tattwa-Leiter: Warum tun Sie es dann nicht?
Klientin: Ja, Sie haben recht, ich werde springen… ah, jetzt bin ich drin, ich bade förmlich in den Flammen.
Tattwa-Leiter: Gut, lassen Sie das Feuer nun in sich ein, baden Sie darin, atmen Sie es mit jeder Pore ein. Das ist Ihre Element-Taufe im Feuer-Tattwa. Denken Sie nicht darüber nach, lassen Sie es einfach geschehen…
Werden Sie zu Feuer…
Seien Sie Feuer…
Klientin: (mit wohligem Gesichtsausdruck)… ah… ja, das ist schön… muß ich jetzt unbedingt alles beschreiben?
Tattwa-Leiter: Nein, geben Sie sich eine Weile ganz der Empfindung hin. Spüren Sie, wie die Energie Ihren ganzen Körper durchströmt?
Klientin:… ja, es ist sehr kräftigend… es ist einfach herrlich… (längere Pause)
Tattwa-Leiter: (beobachtet sorgfältig Reaktionen der Klientin, um sicherzustellen, daß diese nicht in Volltrance oder Schlaf abgleitet; als sich die Atmung der Klientin spürbar verlangsamt:)… Wie fühlen Sie sich?

Klientin:… Wunderbar… es ist das Schönste, was ich je erfahren habe… diese Kraft, diese Lebensfreude plötzlich… ich möchte gar nicht mehr aufhören…
Tattwa-Leiter: Gut, Sie können solange weitermachen, wie Sie möchten. Versuchen Sie aber dabei, jetzt einen Teil des Feuers in Ihren Augenbereich einströmen zu lassen. Denken Sie es nicht, *spüren* Sie es einfach…
Klientin:… Ja, jetzt fühle ich es… die Augen brennen plötzlich etwas… es tut zwar einerseits weh, andererseits ist es aber irgendwie gut…
Tattwa-Leiter: Das stimmt. Das ist ein Heilungsvorgang, nach einer Weile wird der Schmerz verschwinden. Sagen Sie dann Bescheid.
Klientin: In Ordnung… (längere Pause) Jetzt brennen die Augen nicht mehr, sie strahlen und leuchten regelrecht.
Tattwa-Leiter: Gefällt es Ihnen?
Klientin: Und wie! Darf ich es noch eine Weile genießen?
Tattwa-Leiter: Solange Sie möchten, aber melden Sie sich bitte von Zeit zu Zeit, damit ich weiß, was Sie erleben.
Klientin:… (längere Pause) So, ich glaube, jetzt ist es genug. Ach, es war wunderbar. Ich werde jetzt einfach wieder zur Felsenklippe emporschweben… ja, die flammenden Wogen tragen mich empor… (lacht)… eine Art Feuer-Surfing!
Tattwa-Leiter: Wo sind Sie jetzt?
Klientin: Ich bin wieder oben auf der Klippe und blicke hinunter in das Flammenmeer.
Tattwa-Leiter: Ich glaube, es wäre jetzt das beste, zurückzukehren, was halten Sie davon?
Klientin: Ja, das wollte ich auch gerade vorschlagen.
Tattwa-Leiter: Schön, dann treten wir jetzt den Rückweg an.

Wir beenden den Auszug des Erfahrungsberichts, denn wir haben auf anschauliche Weise kennengelernt, worum es uns ging: die Element-Taufe und ihre Nutzungsmöglichkeiten. Die Element-Taufe ist eine *Einswerdung mit dem Element selbst.* Auf symbol-logischer Ebene ist dies die Bejahung der Element-Kräfte und ihre Nutzbarmachung zum Zwecke der innerseelischen Harmonisierung und der Heilung. Die Element-Taufe ist in jedem Element möglich, und sie sollte spätestens bei der zweiten oder dritten Reise ins Element angestrebt werden. So kann man nach dem Eintritt in die Tattwa-Sphäre darum bitten, zum Element in seiner reinen Form geführt zu werden, um dort mit ihm eins zu werden. Zunächst sollte die Taufe ohne jede Absicht erfahren werden. Erst wenn sie sich als angenehm und kraftvoll erwiesen hat, kann man bei der Therapie die Kräfte, die sie freisetzt, gezielt in betroffene Körperteile lenken und dort wirken lassen.

Die Element-Taufe ist eine Kraftaufladung ersten Ranges: Müdigkeit, körperliche Schwächung, seelische Niedergeschlagenheit, Kraftverlust, Mattigkeit und so weiter verschwinden, wenn wir uns einer Element-Taufe unterzogen haben. Selbstverständlich wirkt jedes Element anders, verleiht es andere Kräfte und Energien, und so sollten Sie sich vorher auch genau aussuchen, was Sie brauchen. Am besten ist es natürlich, wenn Sie sich der Taufe durch *sämtliche* Elemente unterziehen können, doch wird dies oft gar nicht erforderlich sein.

Es kommt gelegentlich vor, daß die Element-Taufe nicht als so angenehm empfunden wird wie in unserem obigen Bericht. Ja sie kann sogar ausgesprochen traumatisch wirken, etwa wenn sie starke, schon lange existente Störungen aufzeigt. Auch einen solchen Fall wollen wir mit einem Erfahrungsbericht illustrieren:

Erfahrungsbericht (Auszug): Angeleitete Reise ins Erd-Tattwa

(Weibliche Tattwa-Reisende, 27 Jahre, Erstreise)

Die Reisende litt unter starken Muskelverspannungen (HWS-Syndrom), gekoppelt mit Übernervosität und gelegentlichen nervösen Zuckungen. Sie hatte einige Mühe, ins Erd-Tattwa einzutreten. Nachdem Sie das Tor endlich durchschritten hatte, nahm sie lange Zeit nur Schwärze wahr. Schließlich lichtete sich das Bild, und sie sah eine Ackerlandschaft vor sich. Das Gehen war ihr beschwerlich, und so entschloß sie sich, die Reise im Schweben und Fliegen durchzuführen. Nach einer Weile erblickte sie unter sich dumpfbraunen Erdboden, wo sie eine Pause machen wollte, da sie sich etwas erschöpft fühlte.

Klientin: Ich lege mich mal auf den Boden.

Tattwa-Leiter: In Ordnung. Wie fühlt er sich an?

Klientin: Weich, aber dicht... (Pause)... ein gewisser Sog nach unten.

Tattwa-Leiter: Geben Sie sich ihm hin, versuchen Sie, die Kräfte der Erde auf sich einwirken zu lassen.

Klientin: Ich versuche es... nein, es ist sehr unangenehm.

Tattwa-Leiter: Wollen Sie es abbrechen?

Klientin: Was meinen Sie? Was soll ich tun?

Tattwa-Leiter: Wenn Sie mich so fragen: Ich meine, Sie sollten diese Erfahrung jetzt durchstehen. Wollen Sie das?

Klientin: Ja, ich will's versuchen.

Tattwa-Leiter: Dann geben Sie sich den Energien des Erd-Elements hin. Atmen Sie Erde... baden Sie darin, atmen Sie es mit jeder Pore ein. Das ist Ihre Element-Taufe im Erd-Tattwa. Denken Sie nicht darüber nach, lassen Sie es einfach geschehen ... *Werden Sie zu Erde... Seien Sie Erde...*

Klientin:... es wird alles immer schwerer... es zieht mich in die Tiefe... ja, ich werde wirklich zu Erde... (Pause)

Tattwa-Leiter: Wie fühlen Sie sich?

Klientin: Schlecht, ganz schlecht... ich werde immer regungsloser, wie Stein... ich... ich kann mich nicht mehr bewegen... ich kann nicht mehr atmen... ich bin nur noch Stein... ich kriege keine Luft mehr...

Tattwa-Leiter: Das ist ein Teil des Heilprozesses. Denken Sie jetzt nicht über das Atmen nach, spüren Sie die Energien der Erde...

Klientin: (beginnt am ganzen Leib zu zittern und sich zu verkrampfen)

Tattwa-Leiter: Sperren Sie sich nicht dagegen, lassen Sie alles frei strömen... keine Panik, Sie schaffen es schon...

Klientin: (bricht in Tränen aus)... es ist... alles... so starr...

Tattwa-Leiter: Weinen Sie ruhig... seien Sie Erde... nehmen Sie Ihre Erde hin, so wie sie ist... es gibt keinen Grund zur Angst...

Klientin: (weint und verkrampft Hände und Arme)

Tattwa-Leiter: Gut so... lassen Sie die Zuckungen ruhig kommen ... dadurch werden Sie Ihre Verspannungen los...

Klientin: (jammernd und keuchend)... es ist so... entsetzlich ... hart...

Tattwa-Leiter: (beruhigend) Ich weiß, es ist eine schlimme Erfahrung, aber Sie werden dadurch freier, entspannter... lassen Sie es noch eine Weile zu...
Klientin: Gut, ich versuche es... (längere Pause, dann deutliche Entkrampfung)... so, ich glaube, das Schlimmste ist vorbei...
Tattwa-Leiter: Sehr gut! Dann kehren wir jetzt zurück.

Tatsächlich fühlte sich die Klientin nach der Rückkehr aus der Tattwa-Sphäre befreit und entspannter, wenngleich die Reise natürlich sehr anstrengend für sie gewesen war und sie eine Weile brauchte, um sich davon zu erholen.

Hier hatten wir es mit einer Element-Taufe zu tun, die ausgesprochen traumatisch verlief und als sehr unangenehm empfunden wurde. Doch so problematisch sie auch manchmal sein mag – auch eine sehr schmerzhafte Element-Taufe hat äußerst wirkungsvollen Heilcharakter. Wie wir schon erwähnt haben, stellt bereits das einfache Bereisen der Tattwa-Ebenen einen Teil der Therapie dar, weil das Unbewußte mit seiner Symbolwelt dadurch ernstgenommen wird und Gelegenheit erhält, sich frei von der üblichen Unterdrückung durch Ratio und Verstand zu entfalten.

Eine Element-Taufe wie im ersten Beispiel läßt sich auch in Eigenregie sehr einfach und wirkungsvoll durchführen beziehungsweise erleben. Schwieriger wird es dagegen bei Erlebnissen, wie wir gerade eines kennengelernt haben. Meistens kündigen diese sich jedoch bereits bei ungewöhnlich großen Schwierigkeiten mit dem Betreten der Tattwa-Sphäre an. Wenn Sie es sich zutrauen, Ihren »inneren Ungeheuern« ins Auge zu blicken, werden Sie aus einem solchen Erlebnis gestählt und mit nie geahnter Widerstandskraft hervorgehen. Die meisten Menschen scheuen jedoch davor zurück, dies im Alleingang zu wagen. Hier ist eher die sachkundige Führung eines Tattwa-Leiters angezeigt. Sollten Sie also feststellen, daß es Ihnen zuviel wird, so können Sie die Reise abbrechen und wieder zurückkehren, um das Problem mit etwas gründlicherer Vorbereitung später noch einmal anzugehen. Immerhin bekommen Sie auf diese Weise sehr plastisch und unmißverständlich gezeigt, wo Ihre Blockaden innerhalb der Element-Welt liegen! Auch dies ist von nicht zu unterschätzendem Wert.

Beachten Sie bitte auch, daß der Tattwa-Leiter in unserem zweiten

Beispiel stärker eingegriffen hat als sonst, daß er die Klientin aber dennoch zu nichts gezwungen hat. Erst *nachdem* sie die Entscheidung getroffen hatte, die Erfahrung durchzustehen, gab er ihr konkrete Anweisungen und ermunterte sie, weiterzumachen. Doch sogar noch in dieser Situation wurde auf bildliche Suggestionen verzichtet, nur der Prozeß selbst wurde durch Ermutigung gefördert.

Das »Reinigen« der Tattwas

Ganz bewußt gehen wir erst jetzt, also vergleichsweise spät, auf das sogenannte *Reinigen* der Tattwa-Sphären ein. Wie Sie aus unseren historischen Ausführungen noch wissen, ging man früher im 19. Jahrhundert stets davon aus, daß eine Element-Welt eine »lupenreine«, konsistente Symbolik aufweisen müsse, um als solche anerkannt zu werden. Den Grundgedanken von einer »reinen«, kohärenten Element-Welt haben wir zwar beibehalten, nur ist er inzwischen erheblich differenziert worden. Für den Tattwa-Arbeiter von heute ist es weniger erheblich, daß eine Element-Sphäre irgendeinem Kanon von Anforderungen entspricht. Ein gewisses Minimum an kollektiven Symbolen sollte zwar in der Regel gegeben sein, doch wird die Konsistenz ansonsten durch die Stimmigkeit der *individuellen Symbolik* bestimmt. Fassen wir dies in einer knappen Formel zusammen: *Alles, was uns in einer Tattwa-Sphäre widerfährt und begegnet, ist ein Spiegel des jeweiligen Elements und seines Zustands in unserem Inneren.* Es geht also zunächst einmal um die wertneutrale *Beobachtung*, um eine Feststellung des Status quo.

Erst danach können wir, entsprechende Element-Erfahrung vorausgesetzt, darangehen, aktiv in die Ausstattung unserer Element-Sphären einzugreifen, aktiv an ihrer Gestaltung teilzuhaben und aktiv an ihrer Harmonisierung mitzuwirken. Dadurch korrigieren wir freilich nicht beliebig die Symbole, damit sie um ihrer selbst willen stimmig sind. Vielmehr müssen wir ein solches Vorgehen als eine Art chirurgischer Operation begreifen, mittels derer wir *heilende Korrekturen* auf der Symbolebene durchführen. Eine solche Operation muß dementsprechend sorgfältig durchdacht sein und darf nicht selbst wiederum künstlich Widersprüche erzeugen und Unstimmigkeiten hervorbringen. Gerade aus diesem Grund ist die vorhergehende Erfahrung auch von allergrößter Wichtigkeit. Denn erst wenn Sie genau wissen, welche individuelle Zuordnungen in *Ihre* Element-Welt gehören, können Sie auch entsprechend vorgehen. Nehmen wir uns zur Veranschaulichung wieder den Bericht der Tattwa-Reise ins Erd-Element aus dem 3. Kapitel vor und setzen wir ihn hiermit fort.

Erfahrungsbericht (Fortsetzung aus dem 3. Kapitel): Angeleitete Reise ins Erd-Tattwa

(Männlicher Tattwa-Reisender, 36 Jahre, Erstreise)

Tattwa-Leiter: Wie geht es Ihnen jetzt?
Klient: Sehr gut, eigentlich. Ich bin ein wenig getaucht und fühle mich jetzt ziemlich feucht... (Pause)... merkwürdig...
Tattwa-Leiter: Was ist merkwürdig?
Klient: Ich sehe oben über mir die Sonne, aber...
Tattwa-Leiter: Aber was?
Klient:... na ja, sie ist blau.
Tattwa-Leiter: Und das gefällt Ihnen nicht?
Klient:... hm, irgendwie kommt mir das schon etwas merkwürdig vor. Überhaupt... eigentlich bin ich doch im Erd-Element, nicht wahr?
Tattwa-Leiter: Ja. Und?
Klient:... hm, besonders erdhaft ist das aber alles nicht hier. Ich meine, ich schwimme hier im Wasser, über mir ist eine blaue Sonne...
Tattwa-Leiter: Und weiter?
Klient: Finden Sie das normal?
Tattwa-Leiter: Alles, was Sie wahrnehmen, ist Ihr eigenes Erd-Element. Es stimmt, es sind sehr viele Wassersymbole darin. Wollen Sie daran etwas ändern?
Klient: Kann man das?
Tattwa-Leiter: Durchaus, ja. Sie könnten beispielsweise der blauen Sonne befehlen, eine andere Farbe anzunehmen, die besser zum Element Erde paßt.
Klient: Hm, welche denn? Braun vielleicht? Nein, das wäre genauso albern – eine braune Sonne!... nein, lieber ein... ah, ich hab's,

natürlich, ein erdhaftes Gelb wie das Symbol, das ich vor dem Eintritt in die Element-Sphäre angestarrt habe.
Tattwa-Leiter: Gut. Dann sagen Sie der Sonne eben, sie soll eine gelbe Farbe annehmen.
Klient: Sonne, werde gelb… oh, sie tut es tatsächlich!
Tattwa-Leiter: Gefällt Ihnen das besser?
Klient: Ja, auf jeden Fall. Und jetzt verändert sich auch der See… er wird plötzlich schlammig und braun, eine Art Sumpf.
Tattwa-Leiter: Etwas erdhafter als vorher?
Klient: Deutlich, ja. Es ist auch ganz angenehm, völlig anders, und doch irgendwie verwandt.
Tattwa-Leiter: Wie meinen Sie das?
Klient: Es ist nach wie vor die gleiche Energiequalität, wenn Sie verstehen, was ich meine… nur eben in anderer Konsistenz … es… es ist schwer zu erklären, es kommt dem ursprünglichen Zustand, so wie er sein sollte, näher.
Tattwa-Leiter: Wie fühlen Sie sich dabei?
Klient: Erheblich erleichtert. Es war zwar sehr schön, im See zu schwimmen und zu treiben, aber so ist es besser, richtiger.

Selten wird eine Reinigung in der Tattwa-Sphäre derart spontan und bilderbuchhaft ablaufen wie in diesem Fall. Meistens verlangt sie nach gründlicher Vorbereitung und Überlegung. Auffällig ist jedoch die Tatsache, daß sich durch die Richtigstellung des einen Symbols plötzlich auch andere Symbole ohne weiteres Dazutun dem Element entsprechend verändern.

Wahrscheinlich ist Ihnen bereits aufgefallen, daß der Tattwa-Leiter dem Klienten die Reinigung der Tattwa-Sphäre nicht aufgezwungen hat: Er hat das un-erdhafte Bad im See ebenso akzeptiert und *nicht* angefochten wie die Ekstase des Klienten bei der Begegnung mit dem Element Wasser innerhalb der Erd-Sphäre. Erst weil der Klient selbst darauf aufmerksam wurde, daß »etwas nicht stimmte«, gab er entsprechende Empfehlungen zur Reinigung und Korrektur der Symbolwelt. Selbst dabei ließ er dem Klienten jedoch freie Hand, die Welt so zu gestalten, wie er es für richtig hielt.

Eine solche Korrektur fördert in der Regel die »Entschlackung« der Element-Sphären und steuert wesentlich zu ihrer Harmonisierung bei. Es muß dabei jedoch äußerst behutsam vorgegangen werden. So sollte auf jeden Fall vermieden werden, die Tattwas nach irgendeinem vorgegebenen, starren Schema einzufärben oder zu verändern. Wichtig ist vor allem das *Gefühl der Stimmigkeit*, die intuitive Sicherheit, etwas müsse so sein und nicht anders. Diese Sicherheit zu entwickeln, bedarf es eben einiger Erfahrung mit der Symbolwelt der Elemente, was gar nicht häufig genug betont werden kann. Darüber hinaus empfiehlt es sich, die Symbole immer nur stückweise zu verändern und erst eine Weile abzuwarten, wie sich dies auf das Leben des Reisenden auswirkt.

Eine gründliche Reinigung der Element-Sphären wird in der Regel erst dann sinnvoll, wenn sämtliche Elemente mindestens ein- oder zweimal bereist worden sind. Vorher läßt sich nämlich ihre innere Struktur und Konsistenz kaum erkennen. In unserem Beispiel haben wir es zwar mit einer Reinigung noch während einer Erstreise zu tun, doch ist dies, wie gesagt, eine große Ausnahme. Sollten Sie eine Reinigung der Elemente in Eigenregie planen, so arbeiten Sie bitte erst sehr gründlich vor, damit Sie auch wirklich wissen, was Sie tun. Vergessen Sie nicht, was wir über Blockaden und Hindernisse innerhalb der Tattwa-Sphären gesagt haben: Oft haben sie eine ausgesprochen nützliche Funktion, ja unsere Individualität, unsere eigene Unverwechselbarkeit also, definiert sich nicht selten an ihnen, und so sollten wir stets sehr sorgfältig prüfen, ob eine solche schwerwiegende Veränderung tatsächlich nötig ist.

Die Zuordnungsformel

Im Laufe unserer Ausführungen ist häufiger der Begriff *Zuordnungsformel* gefallen. Darunter verstehen wir einen Umsetzungs- oder Übersetzungsprozeß, mit dem wir vor allem bei der Tattwa-Therapie die Sprache der Symbole verwenden, um zu einer brauchbaren Aussage über die Verwendung bestimmter Element-Energien zu gelangen.

Grundsätzlich ist die therapeutische Zuordnungsformel dreiteiliger Art. Sie besteht aus der *Festellung der Beschwerden*, der *Umsetzung dieser Feststellung in Symbolsprache* und der *Schlußfolgerung hinsichtlich des schwerpunktmäßig zu bearbeitenden Elements*.

Ein Beispiel dafür haben wir weiter oben gebracht: Die Klientin, die ins Erd-Tattwa reiste, wurde in dieses nach folgender Zuordnungsformel geführt: *«Verspannungen = fehlgeleitete Festigkeit = Störung im Erd-Element«*. Wir erkennen also im Formelbestandteil »Verspannungen« die *Feststellung der Beschwerden*; die Teilformel »fehlgeleitete Festigkeit« ist die *Umsetzung dieser Feststellung in Symbolsprache* und das Ergebnis »Störung im Erd-Element« ist die *Schlußfolgerung hinsichtlich des schwerpunktmäßig zu bearbeitenden Elements*.

Sie werden schon bald feststellen, daß Sie diese Zuordnungsformel rein intuitiv anwenden, wann immer Sie sich für eine therapeutische Tattwa-Arbeit entscheiden. Der Grund, aus dem wir sie dennoch erwähnen, ist die Förderung einer gewissen Klarheit beim Vorgehen. Vor allem der zweite Schritt bereitet dem Anfänger oft Schwierigkeiten: Das Umsetzen der Erkrankung oder der Beschwerden in eine symbolsprachenkonforme Formel erfordert ein wenig Übung. Aus diesem Grund sollten Sie auch mit Hilfe der ersten Übungen in unserem Buch mit dem Denken und Wahrnehmen in Symbolen vertraut gemacht werden.

Selbstverständlich arbeitet die Tattwa-Therapie als ganzheitliche Heilmethode nicht monokausal. Oft werden Sie feststellen, daß Sie zur Behandlung einer Erkrankung, sei es nun bei sich selbst oder bei anderen, der Arbeit mit mehreren, wenn nicht sogar allen Tattwas bedürfen. Dann müssen Sie eben mehrere Reisen mit demselben Anliegen durchführen oder leiten. Auch hierfür hilft die Zuordnungsformel. Ihre Hauptfunktion besteht allerdings darin, das Problem auf einen »symbol-logischen Nenner« zu bringen, um ein gezieltes, wirkungsvolles Arbeiten zu ermöglichen. Handhaben Sie dieses Werkzeug möglichst ebenso virtuos und souverän, wie es ein Musiker mit seinem Instrument täte: Gehen Sie also nicht nach starren Regeln vor, sondern bemühen Sie sich darum, möglichst symbolgerecht und feinfühlig die wahren Knackpunkte des Problems ausfindig zu machen. Wenngleich es nämlich im Interesse einer ganzheitlichen Behandlung stets sinnvoll ist, sämtliche Elemente in die Therapie miteinzubeziehen, sind die wichtigsten Symptome *und die Ursachen* eines gesundheitlichen oder seelischen Problems wegen der großen Wirksamkeit dieser Methode doch recht oft schon mit ein oder zwei Tattwa-Arbeiten zu beheben. Die Arbeit mit den anderen Element-Sphären ist dann häufig nur noch Ergänzung und Abrundung.

Wir müssen bei jeder Erstellung einer Zuordnungsformel mit berücksichtigen, daß sie in gewissem Umfang subjektiv sein wird und sein muß: Allzu unscharf sind die Symbole oft, um eine pseudoobjektive Festlegung zu dulden. Sieht der eine in körperlichen Verspannungen vielleicht eine Verkarstung der Dynamik und ordnet sie deswegen dem Feuer-Tattwa zu, mag der andere ihre Ursachen möglicherweise in einer Hemmung des Gefühlslebens und -haushalts sehen, weshalb er zuerst das Wasser-Tattwa bearbeiten wird. Wenn Sie in Eigenregie arbeiten, bleibt Ihnen nichts anderes übrig, als nach dem Prinzip von »Versuch-und-Irrtum« zu verfahren, bis Sie die entsprechende Sicherheit gewonnen haben, um gleich beim ersten Zuordnungsversuch einen »Volltreffer« zu landen.

Dem Tattwa-Leiter bleibt dieses Prinzip in seiner Praxis allerdings ebensowenig erspart. Da er mit vielen Ratsuchenden zusammenkommt, wird er sich zwar wahrscheinlich relativ schnell die erforderliche Sensibilität und Erfahrung angeeignet haben, um aufgrund einiger weniger Symptombeschreibungen bereits auf Anhieb die richtige – und das heißt: die wirkungsvollste – Zuordnungsformel zu finden; dennoch wird auch ihm die Vielseitigkeit der menschlichen Seele mehr als einmal einen Streich spielen und ihn vom Hauptpfad ablenken, bis er zusammen mit seinem Klienten den eigentlichen Kernpunkt des Problems gefunden hat. Immerhin bietet die Tattwa-Therapie den unschätzbaren Vorteil, daß keine Reise jemals umsonst war: Auch wenn die Ursache einer Beschwerde vielleicht in einem ganz anderen Element liegen mag, wird das Bereisen einer anderen Sphäre dennoch manches an Erkenntnissen offenbaren, was das Gesamtbild ergänzt und auf diese Weise eine wirkungsvolle Heilung ermöglicht.

Es wäre nach Ansicht unseres rational und linear ausgerichteten Verstands sicherlich äußerst wünschenswert, wenn man eine vollständige Liste erstellen könnte, in der jede mögliche Erkrankung mit ihrer objektiven Element-Zuordnungsformel aufgeführt wird. Doch das ist leider (oder zum Glück!) nicht wirklich möglich, ohne unseriös zu werden, und dies aus mehreren Gründen, die wir teilweise zwar schon ausgeführt haben, um einer größeren Klarheit willen hier aber noch einmal wiederholen wollen.

Als erstes ist zu berücksichtigen, daß Krankheiten sich zwar durchaus klassifizieren lassen, ja daß man auch ihre Erreger aussondern und bestimmen kann, daß dies aber noch nicht bedeutet, daß ein und dieselbe Krankheit stets auch ein und dieselbe psychosomatische Ursache haben muß. Gerade wegen dieser Spannung reiben sich ja auch die alternative und die Schulmedizin aneinander. Um es einmal etwas vereinfacht auszudrücken: Während der eine Mensch vielleicht, wie es der Vater der psychosomatischen Medizin, Georg Groddek, einmal ausdrückte, einen Schnupfen entwickelt, weil er einen anderen im wahrsten Sinne des Wortes »nicht riechen« kann, wird sich ein anderer die gleichen Beschwerden vielleicht aus einem ganz anderen Grund »aussuchen«: etwa weil ihn ein bestimmter Duft an den Schnupfen seiner Mutter erinnert, an der er sehr hängt, oder weil er nur dadurch die Aufmerksamkeit und die »Streicheleinheiten« der Außenwelt erhalten kann, die mit ihm Mitleid hat und so weiter.

Zum zweiten müssen wir bedenken, daß Symbole aufgrund der ihnen innewohnenden Unschärferelation es nicht zulassen, daß man ihnen ein Korsett aus weltanschaulichen und methodologischen Vorgaben anlegt. Um ein bekanntes Sprichwort in unserem Sinne abzuwandeln: Was dem einen sein Feuer, ist dem anderen sein Wasser. Das gilt übrigens für den Patienten ebenso wie für den Therapeuten.

Schließlich ist noch zum dritten die *subjektive Kraftschiene* zu berücksichtigen. Während der eine Mensch seine Stärke vielleicht im Luft-Tattwa hat und aus diesem heraus sein Leben weitgehend mühelos meistert, wird der andere sich vielleicht eher der Energien des Feuer-Tattwas bedienen und seine Probleme aus dieser Perspektive heraus »aufrollen« und lösen. Das gilt ebenso für den Therapeuten, also den Tattwa-Leiter, der ebenfalls stärker auf das eine Element reagieren wird als auf das andere. Natürlich müssen sich beide, Tattwa-Leiter wie Laie, jede nur erdenkliche Mühe geben, eine ausgesprochene Einseitigkeit zu vermeiden. Dies geschieht durch gründliche Bearbeitung *sämtlicher* Tattwa-Sphären. Doch kann es auch vom jeweiligen persönlichen Energiepegel abhängen, welches Tattwa gerade leichter zugänglich ist als andere. Das ist zwar in der Schulmedizin nicht viel anders, auch ein Arzt hat eben mal seine guten und seine schlechten Tage; doch weil die Tattwa-Therapie weniger standardisiert ist, verlangt sie auch nach größerer Sorgfalt bei der Diagnose. Dafür ist die eigentliche Therapie selbst nicht halb so aufwendig wie dies bei der Schulmedizin der Fall ist.

6. Kapitel

Praktische Anwendung: Das Anleiten von Tattwa-Reisen

Wenn Sie erst einmal einige eigene Erfahrungen mit Tattwa-Reisen gewonnen haben, womöglich auch unter Anleitung, so wird in Ihnen vielleicht der Wunsch erwachen, selbst als Tattwa-Leiter tätig zu werden, indem Sie andere Menschen auf ihrer Tattwa-Reise begleiten und ihnen dabei helfen, die Möglichkeiten dieser Methode optimal zu nutzen. Dies kann im professionellen Rahmen geschehen, kann sich aber auch auf ein reines »Hobby« unter Laien beschränken, in beiden Fällen gelten die gleichen Gesetze. Wenn Sie mit der Tattwa-Therapie auch Heilungen durchführen oder unterstützen möchten, sollten Sie freilich die jeweils gültigen gesetzlichen Vorschriften beachten. Verstöße gegen das Heilpraktikergesetz oder gegen Gesetze, die das unerlaubte Heilen verbieten, werden oft mit empfindlichen Strafen geahndet, und leider siegt vor Gericht nicht immer der alte Grundsatz der Erfahrungsmedizin: »Wer heilt, hat recht.« Erkundigen Sie sich also genauestens, was erlaubt ist und was nicht (das ist natürlich von Land zu Land verschieden), bevor Sie sich auf professioneller Basis mit dem Heilen befassen.

Wir wollen Ihnen in diesem Kapitel einige praktische Hinweise für das Anleiten von Tattwa-Reisen geben, die Ihnen den Einstieg in die Praxis erleichtern sollen. Diese Empfehlungen können zwar keinen Anspruch auf Vollständigkeit erheben, da jeder Mensch anders ist und jede Klientensitzung dementsprechend auch anders verläuft. Immerhin können Sie im Laufe Ihrer eigenen Praxis diese Hinweise ergänzen, erweitern und gegebenenfalls auch modifizieren.

Das Nichtbeeinflussungs-Gebot und die Spielregeln der Tattwa-Arbeit

Die Tattwa-Arbeit kennt nur wenige Dogmen, denn sie will dem Menschen möglichst freie Hand lassen, damit er zu seinen wahren *Selbstheilungskräften* findet. Aus diesem Grund muß sich der Tattwa-Leiter von vorneherein darüber im klaren sein, daß es seine vornehmste Aufgabe ist, *die Entscheidungsfähigkeit des Klienten zu fördern.* Deshalb muß der Klient auch vor jeder Reise ausdrücklich darauf hingewiesen werden, daß es *seine* Reise ist, daß er das Recht hat, innerhalb der Tattwa-Welt jede beliebige Entscheidung zu treffen, und daß er die Reise jederzeit abbrechen kann, sofern er sich dabei an die Spielregeln hält.

Nur wenn der Klient die Nerven verliert und in Panik gerät, darf der Tattwa-Leiter ihm ungebeten Anweisungen, ja Befehle erteilen und ihm Entscheidungen abnehmen, doch auch dies darf nur eine vorübergehende Erscheinung sein: Sobald der Klient sich wieder gefangen hat, muß der Tattwa-Leiter ihm wieder freie Hand lassen, solange die Spielregeln eingehalten werden.

Diese lauten, wie bereits erwähnt:

- Der Reisende darf nur durch das korrekte Symboltor in die Tattwa-Welt eintreten.
- Der Reisende muß seine Erlebnisse und Wahrnehmungen *laut* schildern.
- Der Reisende soll seine Entscheidungen innerhalb der Tattwa-Sphäre *selbst* treffen, der Tattwa-Leiter steht ihm lediglich beratend zur Seite und greift nur dann (vorübergehend) ein, wenn der Reisende die Kontrolle über seine Erlebnisse verlieren und in Panik geraten sollte. Ziel eines solchen Eingriffs ist die möglichst umgehende Wiederherstellung der Entscheidungsfähigkeit des Reisenden.
- Der Reisende muß zur Beendigung der Reise stets denselben Weg zurück nehmen, den er gekommen ist.

Zum Nichtbeeinflussungs-Gebot gehört es auch, daß der Tattwa-Leiter sich jeder Interpretation der Symbole enthält. Symbole werden in der Tattwa-Arbeit so hingenommen, wie sie sich darstellen: ein Baum ist zunächst einmal ein Baum und weiter nichts! Dieser an sich selbstverständliche Hinweis ist notwendig, weil es eine große Anzahl verschiedener psychologischer Schulen und Deutungssysteme gibt, die mit eigenen Deutungsschemata arbeiten und diese der Symbolerfahrung oktroyieren. Dies ist besonders in der Traumarbeit weit verbreitet. Da wird aus einem Baum gern ein Phallussymbol konstruiert, eine weibliche Figur wird mit der Mutter des Klienten identifiziert, ein Raubtier soll für Kastrationsängste stehen und so weiter. Es ist hier nicht der Ort, um grundsätzlich über Wert und Unwert eines derartigen Angangs zu diskutieren. Wir wollen lediglich festhalten, daß die Tattwa-Arbeit weitgehend ohne derlei Schemata auskommt. Die einzige vorgegebene Grundstruktur ist jene der Elemente; ansonsten werden die Symbole selbst nach ihrer Bedeutung gefragt, wenn sie dem Reisenden unverständlich sein sollten. Wichtig ist also vor allem, daß sich der Tattwa-Leiter bei der Interpretation zurückhält und auch den Klienten von einer schematischen Deutung seiner Erfahrungen abhält. Er macht dem Klienten klar, daß alles, was er wahrnimmt, von Bedeutung ist, daß diese Bedeutung sich aber nur aus der Wahrnehmung selbst heraus erschließen kann und nicht durch fremde Deutungsmuster, die der Erfahrung von außen aufgezwungen werden. Natürlich ist es etwas völlig anderes, wenn sich eine weibliche Gestalt innerhalb eines Tattwas eindeutig selbst als Mutter des Reisenden identifiziert oder in ähnlicher Weise. In diesem Fall wurde ja auch kein fremdes Deutungsschema auf das Wahrgenommene oktroyiert, so daß die Aussage als zulässig zu werten ist.

Das Nachbereiten der Tattwa-Erfahrung

Im Gegensatz zur selbständigen Tattwa-Reise hat der Reisende bei der Tattwa-Arbeit unter Anleitung die Möglichkeit, sich mit dem Leiter über seine Erfahrungen auszutauschen. Typisch für das Vorgehen ist, daß der Klient den Tattwa-Leiter aufsucht und ihm seine Probleme oder Symptome schildert (nur selten wird er aus reinem Interesse oder aus Neugier allein die Tattwa-Erfahrung suchen). Ist der Klient mit der Element-Symbolik unvertraut, wird der Tattwa-Leiter sie ihm in ihren Grundzügen erläutern. Dann erarbeitet er zusammen mit dem Ratsuchenden einen Vorgehensplan, der daraus besteht, zu entscheiden, welches Tattwa bereist werden sollte. Entscheiden sich beide zur Reise in mehrere Elemente, wird deren Reihenfolge festgelegt. Dabei sollte nicht mehr als ein Element pro Tag bereist werden, denn mit dem Reisen allein ist es ja nicht getan: Die Erfahrung will schließlich auch noch verarbeitet werden. Endlich erklärt der Tattwa-Leiter dem Klienten die Spielregeln und die Sitzung beginnt.

Nach der Reise bespricht der Tattwa-Leiter mit dem Klienten die gemachten Erfahrungen. Es empfiehlt sich, auch dieses Gespräch auf Band aufzuzeichnen, dann geht nichts verloren, und der Klient kann später alles zusammen noch einmal systematisch durchgehen. Zudem braucht er sich auf diese Weise keine Aufzeichnungen zu machen, was die Konzentration fördert. Der Tattwa-Leiter räumt etwaige Zweifel des Klienten aus dem Weg, die dieser hinsichtlich der Realität seiner Erfahrung oder der Wirksamkeit der innerhalb der Tattwa-Welt erhaltenen Ratschläge hegen mag. Vor allem aber macht er ihm klar, wie er die Erfahrung in seinen persönlichen Alltag integrieren kann. Nehmen wir wieder ein Beispiel zur Veranschaulichung dieses Vorgangs.

Erfahrungsbericht (Auszug): Nachbesprechung einer angeleiteten Reise ins Luft-Tattwa

(Männlicher Tattwa-Reisender, 34 Jahre, Erstreise)

Der Klient litt unter heftigen Kopfschmerzen und Migräneanfällen. Er bereiste nach Absprache mit dem Tattwa-Leiter das Luft-Tattwa. Dort erfuhr er eine »Verunreinigung« der Element-Sphäre: Er erlebte die Kraft der Erde, seine Luft-Welt war geprägt von Ackerkrumen, das Gehen fiel ihm schwer und das Fliegen war ihm völlig unmöglich. Schließlich begegnete er einer Adlergestalt, mit der er sich anfreundete und die ihm einen Rat für die Heilung gab.

Tattwa-Leiter: Wie fühlen Sie sich nach der Reise?
Klient: Noch etwas benommen, aber ansonsten ganz gut.
Tattwa-Leiter: Wie beurteilen Sie Ihre Erfahrung?
Klient: Darüber muß ich mir erst noch Klarheit verschaffen. Auf jeden Fall weiß ich jetzt, daß mein Luft-Element sehr viele erdhafte

Symbole aufweist. Aber was das genau heißt, das ist mir noch unklar.

Tattwa-Leiter: Nun, wenn wir im Rahmen der Element-Symbolik bleiben, bedeutet dies unter anderem, daß Ihre Luft, also beispielsweise Ihr Denken und Ihre Intellektualität, sehr stark vom Verlangen nach dem Konkreten, Faßbaren geprägt ist. Sagt Ihnen das etwas?

Klient: Oh ja. Ich bin noch nie sehr gut mit abstrakten Konzepten und Philosophien zurechtgekommen.

Tattwa-Leiter: Wahrscheinlich sind Sie eher Praktiker als Theoretiker.

Klient: Durchaus. Aber das ist ja auch Teil meines Problems. Denn manchmal finde ich nur sehr schwer Zugang zu etwas... ich will mal sagen, zu etwas subtileren Denkweisen.

Tattwa-Leiter: Eine weitere Schlußfolgerung wäre die, daß Sie in Ihrem Denken vermutlich etwas gebremst sind, denkerische Prozesse nur langsam aufnehmen.

Klient: (lacht) Damit wollen Sie wohl sagen, daß ich schwer von Begriff bin! Aber Sie haben recht, meine Begriffsstutzigkeit macht mir oft zu schaffen, vor allem natürlich im Beruf, da ist das nicht sehr gefragt. Aber was hat das alles mit meinen Kopfschmerzen und Migräneanfällen zu tun?

Tattwa-Leiter: Überlegen Sie mal selbst: Wenn wir Ihren Kopf dem Element Luft zuordnen, was ist dann darüber zu sagen?

Klient: Hm... zuviel Erde im Kopf?

Tattwa-Leiter: Zum Beispiel. Und was heißt das genau?

Klient: Schwer zu sagen, wenn man mit dieser Symbolik noch nicht so gut vertraut ist. Lassen Sie mich nachdenken... zuviel Erde im Kopf? Erde, das ist doch Starrheit, nicht wahr?

Tattwa-Leiter: Ja, das auch. Was sagt Ihnen das?

Klient: Meinen Sie damit, daß ich in zu starren Denkmustern gefangen bin?

Tattwa-Leiter: Um das einmal klarzustellen: *Sie* haben die Reise ohne Suggestionen meinerseits gemacht. Mit anderen Worten, die Erd-Symbolik in Ihrem Luft-Tattwa stammt von Ihnen selbst, ist ein Ausdruck Ihres Unbewußten für einen bestimmten Seins- oder Istzustand im Bereich des Elements Luft. Es geht also nicht darum, was ich selbst meine, ja nicht einmal so sehr darum, was Ihr Bewußtsein meint. Thema ist einzig und allein, was Ihr Unbewußtes meint. Ihre

Migräne haben wir vor der Reise gemeinsam dem Element Luft zugeordnet, und nun wollten wir feststellen, worauf dieses Leiden zurückzuführen ist und wie Sie sich davon befreien können.

Nun zeigt Ihnen Ihr Unbewußtes eine Menge Erde in Ihrem Luft-Tattwa, wie Sie schon richtig bemerkt haben. Unsere Aufgabe besteht jetzt darin, dieses Symbolskelett mit Fleisch zu füllen und in konkret verstehbare Aussagen umzusetzen. Deshalb frage ich *Sie* nun: Meinen Sie, daß Sie in allzu starren Denkmustern gefangen sind?

Klient: Ich verstehe, worauf Sie hinauswollen. Ja, wahrscheinlich haben Sie recht, es ist wohl so. Andererseits ist mir das aber noch nicht konkret genug. Denn selbst wenn dem so ist – wie kann ich dieses Wissen dazu nutzen, um meine Beschwerden loszuwerden?

Tattwa-Leiter: Jetzt kommen wir dem Kern der Sache schon näher. Natürlich, diese Erkenntnis nützt nur dann etwas, wenn sie auch praktisch anwendbar ist. Allerdings geschieht dies oft auf die unerwartetste Weise. Normalerweise würde man meinen, daß Sie sich nun ganz bewußt darum bemühen sollten, etwas flexibler zu denken.

Klient: Soll ich das denn nicht?

Tattwa-Leiter: Doch, durchaus. Damit werden Sie einen Teil des Drucks aus Ihrem Kopf nehmen, der Ihnen die Schmerzen beschert - jenes Drucks, der durch allzu starre Meinungen, Weltanschauungen und Verhaltensweisen erzeugt wird. Sie können dieses selbstgeschneiderte Zwangskorsett lockern, vielleicht nicht mit einem Mal, aber doch Stück für Stück.

Sie haben aber zusätzlich in der Tattwa-Welt einen Rat bekommen, wie Sie den Heilungsprozeß auf symbolische Weise unterstützen oder überhaupt erst in die Wege leiten können.

Klient: Sie meinen die Empfehlung, die mir der große Adler gab, ich solle ein Jahr lang jeden Tag fünf Minuten lang einmal versuchen, nur Atem zu sein und möglichst nicht nachzudenken?

Tattwa-Leiter: Genau die.

Klient: Seien Sie mir nicht böse, aber ich habe ja, wie Sie wissen, schon einiges versucht, um von meinem Leiden freizukommen. Und nun soll eine derart, verzeihen Sie, läppische symbolische Handlung das Wundermittel sein?

Tattwa-Leiter: Ob es wirklich ein Wundermittel ist, das kann nur die Praxis zeigen. Aus eigener Erfahrung kann ich Ihnen aber sagen, daß gerade solche scheinbar kindischen, ja beinahe abergläubischen Rituale eine unglaubliche Heilkraft besitzen.

Klient: Ihre Erfahrung in Ehren, aber gibt es dafür auch eine plausible physiologische Erklärung?

Tattwa-Leiter: Eher eine psychologisch-psychosomatische. Sehen Sie, zum einen haben Sie sich mit der Tattwa-Reise dazu entschlossen, Ihre Heilung auf der Ebene der Symbole anzugehen. Dort gelten zunächst einmal etwas andere Gesetze als auf der Alltagsebene. So hätte beispielsweise ein anderer Mensch mit den gleichen Beschwerden vielleicht eine völlig andere Empfehlung bekommen. Vielleicht hätte die Tattwa-Welt ihm geraten, jeden Tag eine Viertelstunde bewußt ans Fliegen zu denken oder eine Fremdsprache zu lernen – beides Luft-Aktivitäten zwar, aber doch sehr unterschiedliche. Sie haben aber *Ihre* eigene Symbol-Welt bereist und dort *Ihre* eigene Therapieempfehlung erhalten. Das ist ein individueller Rat, der sich unmittelbar aus Ihrem eigenen Ist-Zustand ergibt und ein Produkt Ihres Unbewußten ist.

Nun ist es mit der reinen Symbolsprache allein jedoch auch nicht getan. Stellen Sie es sich folgendermaßen vor: Wenn Sie den Rat Ihres Adlers befolgen und tatsächlich ein Jahr lang jeden Tag diese Atemmeditation durchführen, wird dies auf subtile, aber doch erkennbare Weise Ihr gesamtes Leben ändern. Sie werden sich Ihres Problems immer bewußter; Sie schaffen eine Entlastung des Denkapparats, die Atembeobachtung führt zu größerer Ruhe und Entspannung, kurzum – Sie begegnen dem Leben mit mehr Aufmerksamkeit.

Das ist jetzt eine sehr intellektuelle Erklärung, und ich kann Ihnen raten, nicht zu oft darüber nachzugrübeln. Denn die Erfahrung hat gezeigt, daß die Heilung stets dann am wirkungsvollsten ist, wenn man die symbolischen Handlungen ohne allzu große Reflektion durchführt. Selbstverständlich sollen Sie dabei Ihren Verstand nicht über Bord werfen, aber die eigentliche Heilung findet im Unbewußten statt, also dort, wo auch die Ursachen Ihrer Beschwerden liegen. Das wirklich Interessante an dieser Form der Heilungsarbeit ist die Tatsache, daß Sie nicht unbedingt bewußt an ihre Wirksamkeit zu glauben brauchen, solange Sie nicht ins andere Extrem verfallen und ihre ganze Energie darauf verwenden, diese Wirksamkeit um jeden Preis widerlegen zu wollen.

Wir haben diesen Dialog deswegen in großer Länge wiedergegeben, weil er nicht nur die Situation nach der Tattwa-Reise recht treffend veranschaulicht, sondern weil er darüber hinaus auch den Umgang des Tattwa-Leiters mit Verständnisfragen und skeptischen Bemerkungen des Klienten illustriert. Zwingen Sie als Tattwa-Leiter niemanden dazu, an etwas zu glauben, was ihm innerlich zuwider ist – das ist überhaupt nicht erforderlich! Versuchen Sie vor allem, stets »am Symbol« zu bleiben, wie ein Literaturwissenschaftler, der sich bei seiner Analyse eines Romans auch stets an den vorgegebenen Text halten muß und nichs hinzuerfinden darf. Hätte unser Klient beispielsweise gefragt, was denn der Adler zu bedeuten habe, so hätte der Tattwa-Leiter ihn auf das Symbol selbst rückverweisen müssen, beispielsweise folgendermaßen: »Das müssen Sie schon den Adler selbst fragen. Solange Sie dies nicht getan haben, gibt es nur eine Empfehlung: Nehmen Sie ihn als das, was er darstellt, nämlich als Adler aus der Luft-Sphäre.«

Ein derartiges Denken ist vielen Menschen ungewohnt, doch ist das nicht unbedingt ein Nachteil. Ist der Tattwa-Leiter nämlich konsequent und führt er ihre Einwände dagegen immer wieder ad absurdum, so wirkt bereits dieser Bewußtwerdungsprozeß auf heilsame Weise förderlich, weil er den oft eisernen Griff des Zensors lockert und der Wirksamkeit der Symbole die Tore öffnet.

Tattwa-Arbeit und Hypnose

In den Anfängen der Tattwa-Therapie wurde viel mit Hypnose experimentiert. Der Reisende wurde hypnotisiert, in der Regel bis zum Einsetzen der kataleptischen Starre, dann wurde die Tattwa-Reise angegangen, wobei dem Klienten suggeriert wurde, daß er sich nach der Reise an alle Einzelheiten erinnern könne.

Mit dieser Praktik sollte eines der einzigen wirklichen Probleme der Tattwa-Arbeit gelöst werden: die potentielle »Sehunfähigkeit« mancher Klienten, die mit der Technik der Visions- oder Geistreise völlig unvertraut waren. Erst spät stellte sich bei Versuchen heraus, daß die quasi-optische Wahrnehmung keineswegs den einzigen Zugang zur Bilderwelt der Element-Symbole darstellt. Mit der Erkenntnis, daß das symbolische Eintrittstor (wie überhaupt die gesamte

Tattwa-Welt) auch auf taktile oder olfaktorische Weise wahrgenommen und wirkungsvoll bereist werden kann, um nur zwei Beispiele zu nennen, war dieses Problem auch ohne Zuhilfenahme der Hypnose gelöst.

Über die Vor- und Nachteile der Hypnose ist schon sehr viel geschrieben worden, leider nicht immer sehr sachlich. Das Spektrum reicht von völliger Ablehnung bis zur kritiklosen Bejahung. Wir können und wollen diesen Streit hier nicht wieder aufnehmen. Festzuhalten bleibt in unserem Zusammenhang, daß die Tattwa-Therapie auf den Einsatz hypnotischer Techniken völlig verzichten kann. Vor allem die hypnotische *Tieftrance* muß auf jeden Fall vermieden werden. Denn diese macht den Klienten zum passiven, willenlosen Objekt des Hypnotiseurs und nimmt ihm seine Entscheidungsfreiheit. Dadurch aber wird der Heileffekt der Tattwa-Reise völlig zunichte gemacht. Schließlich beruht diese Methode auf der *aktiven Partizipation* an der innerseelischen Symbolwelt und auf dem *bewußten, gewollten* Umgang mit ihren Bildern und Kräften.

Da es das Ziel der Tattwa-Arbeit ist, den Patienten beziehungsweise Klienten zu einem *selbständigen Tattwa-Arbeiter* zu machen, kann die Hypnose selbst dort, wo sie gelegentlich und nur in äußerst seltenen Ausnahmefällen sinnvoll sein mag, allenfalls eine vorübergehende Krücke sein. So ließe sich beispielsweise mit Hilfe posthypnotischer Befehle die innere Sehfähigkeit des Klienten fördern. Dies mag ab und an bei einzelnen Personen erforderlich sein, die eine große, schier unüberwindbare seelische Sperre gegen Visions- und Geistreisetechniken haben. Diese können durch entsprechende hypnotische Suggestionen von einem Teil ihrer Blockaden befreit werden. Doch selbst in einem solchen Fall erscheint es wünschenswerter, daß sich Tattwa-Leiter und Klient mit den Sperren selbst auseinandersetzen und den Nicht-Eintritt in die Tattwa-Sphäre wie eine echte Tattwa-Reise behandeln, um auf dieser Grundlage zu den erforderlichen Schlüssen über den Zustand des Element-Haushalts des Klienten zu gelangen.

Tatsächlich erweist sich die Tattwa-Therapie als echte Alternative zur Hypnose, ohne jedoch deren Risiken aufzuweisen. Indem der Reisende zum aktiven Umgang mit seiner Symbolwelt angehalten wird, nimmt er zugleich sein bewußtes und sein unbewußtes Leben aktiv in die Hand und gelangt auf diese Weise zu der für die Lebensmeisterung und Glücksfindung so wichtigen Selbstsicherheit und Selbsterfüllung.

Der *Suggestion* kommt in der praktischen Tattwa-Arbeit eine ebenso untergeordnete Rolle zu wie der Hypnose. Abgesehen von der einleitenden Tiefenentspannung wird auf jede Suggestion verzichtet. Beachten Sie bitte, daß dies sogar für die Phase des Einstiegs gilt: Selbst wenn der Klient das Eintrittssymbol nicht wahrnimmt, suggeriert ihm der Tattwa-Leiter nicht, daß es da sei. Der Klient soll nach Möglichkeit *soviel wie möglich aus eigener Kraft* leisten und den Tattwa-Leiter allenfalls als sachkundigen Begleiter und Berater, auf keinen Fall aber als Vaterfigur oder gar als »Guru« begreifen. *Selbständigkeit ist oberstes Gebot jeder Tattwa-Arbeit!*

Suggestiven Charakter haben, ohne jedoch wirklich suggestiv zu sein, die Fragen, die der Tattwa-Leiter dem Klienten stellt, um die Tattwa-Welt zu stabilisieren. Zwar haben wir uns mit diesen Fragen bereits teilweise der Veranschaulichung halber befaßt, doch wollen wir sie hier noch einmal in strukturierter und übersichtlicher Form darstellen und erläutern.

Die Fragetechniken des Tattwa-Leiters und andere praktische Hinweise

- Die Frage: »Wie sieht das Nichts aus?

«Oft sagt der Klient nach dem Eintritt in die Tattwa-Sphäre, er würde »nichts wahrnehmen«. Natürlich ist das nicht substantivisch gemeint, doch indem der Tattwa-Leiter den Klienten willentlich »mißversteht« und die Frage stellt, wie dieses »Nichts« denn aussehe, zwingt er ihn dazu, seine Wahrnehmung zu aktivieren und – vor allem – zu intensivieren. Darüber hinaus wird dem Reisenden auf diese Weise auf subtile Weise suggeriert, daß es *vielleicht* doch etwas wahrzunehmen gibt.

- Die Frage: »Was nehmen Sie wahr?«

Vermeiden Sie als Tattwa-Leiter überpräzise Fragen wie »Was *sehen* Sie?«, denn damit legen Sie den Reisenden auf eine quasi-optisches Wahrnehmen fest. Belassen Sie es lieber bei einer neutraleren Frage wie der obigen, das läßt dem Klienten alle Möglichkeiten offen.

Selbstverständlich können Sie stets auf derselben Ebene weiterfragen, auf der der Reisende ohnehin bereits wahrnimmt. Sagt er beispielsweise, »Ich sehe...«, so können Sie beim nächsten Mal auch fragen: »Und was sehen Sie jetzt?«

Versuchsweise können Sie auch sämtliche Sinnesorgane durchgehen, indem Sie etwa fragen: »Hören Sie etwas?«, »Riechen Sie auch etwas?«

- Fragen zur Präzisierung der Wahrnehmung

Die Präzisierung der Wahrnehmung dient der Stabilisierung der Symbolwelt. Sie macht die Bilder realer und verleiht ihnen durch ihre größere Wirklichkeit eine verstärkte Wirkung. Je verschwommener eine Tattwa-Sphäre wahrgenommen wird, um so undeutlicher auch die Aussagen, die sich über den Zustand des bereisten Elements machen lassen – und um so schwächer die Heilkraft symbolischer Handlungen und Veränderungen.

Aus diesem Grund fragt der Tattwa-Leiter gleich zu Beginn der Tattwa-Reise den Klienten beispielsweise nach Farben, Temperatur, Bodenbeschaffenheit, nach Richtungen («Scheint die Sonne rechts oder links, hinter, über oder vor Ihnen?«, »Wo befindet sich der Wald genau?« und so fort) wie überhaupt nach allem, was die Welt des Elements realer und greifbarer macht. Je konkreter die Fragen, um so konkreter wird auch die bereiste Sphäre.

- Entscheidungsfragen

Die Aufgabe des Tattwa-Leiters besteht bekanntlich unter anderem darin, dem Reisenden deutlich zu machen, daß *er selbst* es ist, der *seine eigene Welt* bereist, und zwar aus *eigener Kraft*. Diesem Prozeß dienen auch die sogenannten Entscheidungsfragen, die dem Klienten gleichzeitig Möglichkeiten des Handelns eröffnen, auf die er aufgrund seiner mangelnden inneren Distanz vielleicht nicht von allein kommen würde.

So wird den meisten Reisenden nicht auf Anhieb einfallen, daß sie sich im Tattwa nicht allein gehenderweise fortbewegen müssen. Fragt der Tattwa-Leiter dagegen: »Wie wollen Sie sich jetzt fortbewegen?«, so erweckt er dadurch die Entscheidungsfreudigkeit des Klienten, indem er ihn darauf aufmerksam macht, daß es mehrere Möglichkeiten der Entscheidung gibt.

Eine ähnliche Funktion hat eine Frage wie die folgende: »Welchen der beiden vor Ihnen liegenden Wege wollen Sie nun gehen?« Doch wäre dies allein schon zu suggestiv, weshalb es sinnvoller ist, einen Zusatz anzuhängen wie den folgenden: »Oder wollen Sie lieber dort bleiben, wo Sie sind?«

Beklagt sich ein Reisender über etwas in seiner Element-Sphäre, so kann der Tattwa-Leiter ihn fragen, ob er diesen Zustand ändern will. Wird dies bejaht, eröffnet er dem Klienten möglichst *mehrere* Entscheidungsmöglichkeiten, um ihm dann wieder die freie Wahl zu lassen.

Fragt der Klient: »Welchen der beiden Wege soll ich nehmen?«, so sollte der Tattwa-Leiter völlig kompromißlos bleiben und ihm klarmachen: »Das müssen Sie selbst entscheiden.« Denn nur auf diese Weise wird die Selbständigkeit des Reisenden wirklich gefördert oder nötigenfalls sogar provoziert.

- Fragen nach dem Befinden

Fragen nach dem Befinden des Reisenden haben zweierlei Funktion: Zum einen vermitteln sie dem Klienten das Gefühl, nicht allein gelassen zu sein, das Gefühl, daß der Tattwa-Leiter sich für ihn interessiert; dies ist vor allem bei unangenehmen und traumatischen Erlebnissen von Wichtigkeit, weil es dem Reisenden einerseits Kraft und Mut gibt, ihn andererseits aber auch Vertrauen zum Leiter entwikkeln läßt. Zum anderen erhält der Tattwa-Leiter auf diese Weise genaueres Feedback darüber, wie der Klient auf die verschiedenen Symbole und Erfahrungen reagiert. Darauf kann er dann seine weiteren Empfehlungen aufbauen.

- Die Frage nach dem Beenden der Reise

Die Frage: »Wollen Sie die Reise abbrechen/beenden?« sollte nicht zu oft gestellt werden, da dies sonst wie ein Drängen des Tattwa-Leiters auf baldige Beendigung ausgelegt werden könnte. Andererseits ist sie oft hilfreich, wenn der Klient entweder von der Reise bereits erschöpft ist oder sie in ein reines Genußabenteuer ausarten läßt und stundenlang in irgendwelchen Wonnegefühlen schwelgt. Letzteres ist zwar nicht prinzipiell abzulehnen, solange der Reisende dabei nicht in einen Dämmerzustand, eine Tieftrance oder in den Schlaf abgleitet, doch bedarf es dazu keiner Anleitung. So etwas läßt sich vielmehr besser in Eigenregie durchführen.

Die Frage macht dem Reisenden deutlich, daß er immer noch Herr seiner selbst und der gesamten Erfahrung ist. Selbstverständlich sollte der Klient nicht bei der kleinsten Schwierigkeit gleich die Flinte ins Korn werfen und die Reise abbrechen, weshalb diese Waffe vom Leiter auch nur sehr sparsam eingesetzt werden darf.

- Das Ermahnen zum lauten, deutlichen Sprechen

Das laute Sprechen und das deutliche Beschreiben der Tattwa-Reise dokumentiert im Falle der Bandaufzeichnung die Reise und verhindert vor allem, daß der Klient sich in der Symbolwelt verliert und womöglich in eine Tiefentrance abgleitet oder einschläft. Zudem fördert es die Wahrnehmung, da diese durch die sprachliche Beschreibung geschärft und präzisiert wird. Der Tattwa-Leiter braucht den Reisenden nicht ausdrücklich ständig daran zu ermahnen, laut zu sprechen, er kann auch etwas subtiler vorgehen, indem er bei längeren Sprechpausen fragt: »Und nun?« oder »Was nehmen Sie jetzt wahr?« und so weiter. Scheuen Sie sich als Tattwa-Leiter auch nicht, noch einmal nachzufragen, wenn Sie etwas nicht deutlich verstanden haben. Das entkrampft die Atmosphäre (sehr wichtig!) und verleiht ihr etwas Natürliches.

- Das Herstellen einer lockeren Therapie-Atmosphäre

Natürlich lassen sich für das Herstellen einer lockeren, entkrampften Atmosphäre zwischen Tattwa-Leiter und Klienten keine Patentrezepte formulieren. Es bleibt dem Fingerspitzengefühl und der Menschenkenntnis des Tattwa-Leiters vorbehalten, dafür zu sorgen, daß während der Sitzung eine gute Stimmung herrscht. Gelegentlich werden während einer Tattwa-Reise sogar Witze gerissen. Allerdings sollte die Initiative dazu vom Klienten selbst ausgehen, damit gewährleistet bleibt, daß dieser nicht von der eigentlichen Erfahrung abgelenkt wird. Es ist aber stets wünschenswert, eine spielerische, ja humorvolle Stimmung aufrechtzuhalten, kommt dies doch dem sehr kindlichen und eher jovialen Wesen des Unbewußten stärker entgegen als jeder übertriebene Ernst. Mit Feierlichkeit ist dem Reisenden nicht gedient! Gerade bei der Tattwa-Arbeit erweist sich immer wieder die Richtigkeit des alten Sprichworts: »Lachen ist die beste Medizin.« Andererseits sollte der Tattwa-Leiter selbstverständlich nicht versuchen, um jeden Preis »witzig« sein zu wollen – das zerstört das Vertrauensverhältnis zwischen ihm und dem Klienten und behindert die Konzentration des letzteren.

- Der Einsatz von Entspannungstechniken

Wir haben bereits beschrieben, daß die Tattwa-Reise mit einer gründlichen Tiefenentspannung begonnen wird. Der Text dazu kann bei Bedarf auch von Band abgespielt werden. Das erleichtert es dem Tattwa-Leiter, seine eigene Konzentration zu wahren und erspart ihm die Monotonie der ständigen Wiederholungen, die auch auf ihn selbst gelegentlich dämpfend bis einschläfernd wirken können, vor allem dann, wenn er mehrere Sitzungen am Tag absolviert.

Freilich gibt es eine Reihe von Therapeuten, die es vorziehen, auch die Tiefenentspannung individuell durchzuführen. Das verleiht der Atmosphäre eine persönlichere Note und ermöglicht es dem Leiter, auf bestimmte Verspannungen des Klienten gezielter einzugehen, als dies bei einer Bandaufzeichnung der Fall ist. Bei Klienten mit einiger Entspannungserfahrung hingegen wirkt sich die Bandaufzeichnung meistens recht positiv aus. In jedem Fall sollte der Tattwa-Leiter stets dieselben Sprechformeln benutzen, da sich der Klient nach einer Weile daran gewöhnt hat und dadurch einen leichteren Einstieg in die Tattwa-Sphäre findet.

Wie schon bei der *Element-Taufe* gezeigt, lassen sich die Kräfte und Energien der Element-Welten unmittelbar für die Behandlung betroffener Körperteile und dergleichen benutzen. Dies gilt auch für die allgemeine seelische und körperliche Entspannung. So kann der Tattwa-Leiter anregen, daß der Reisende sich von den Kräften eines Elements entspannen und stärken läßt. Dies ist besonders bei hypernervösen Naturen angezeigt, die Schwierigkeiten mit der Konzentration haben und gerne von der eigentlichen Reisebeschreibung abschweifen.

Darüber hinaus kann jeder Tattwa-Leiter die Tattwa-Reise mit jenen Entspannungstechniken einleiten, die er für geeignet hält. Die in diesem Buch angeführte Tiefenentspannung ist zwar eine sehr brauchbare Praktik, die sich sehr gut bewährt hat, doch sollte sie vor allem von erfahrenen Therapeuten nur als Anregung verstanden werden. So hat sich beispielsweise auch das Magnetisieren als ausgezeichnete Entspannungs- und Vorbereitungstechnik erwiesen, sofern es von kundiger Hand ausgeführt wurde. Selbstverständlich sollte jede verwendete Entspannungstechnik sowohl den Körper als auch den Geist entspannen und entkrampfen. Vom Gebrauch von Drogen beziehungsweise Pharmazeutika ist allerdings in der Regel abzuraten. Wirksame Entspannungsmedikamente beeinträchtigen fast immer auch die geistigen Prozesse. Überhaupt sollte der Klient vor der Reise keinerlei bewußtseinsverändernde Drogen (auch Alkohol!) zu sich nehmen, um die Erfahrung nicht zu verfälschen und den Vorgang nicht zu erschweren.

● Das Überwinden von Hindernissen

Oft ist das einzige wirklich dramatische Element für einen Tattwa-Leiter der Augenblick, da der Klient einem Hindernis begegnet, das seine Weiterreise behindern will. Dies ist auch der Punkt, da manche Reisende die Kontrolle verlieren und in Panik geraten. Das geschieht zwar erfahrungsgemäß nur selten, dennoch muß der Tattwa-Leiter darauf vorbereitet sein, denn gerade dann wird seine Hilfe am meisten gebraucht.

Zunächst einmal gilt es, den Reisenden zu beruhigen und ihm klarzumachen, daß Hindernisse innerhalb der Tattwa-Sphäre etwas ganz Alltägliches sind, was ja auch tatsächlich der Fall ist. Dann rät der Tattwa-Leiter dem Klienten, das Hindernis dazu aufzufordern, sich zu identifizieren. Geschieht dies nicht, soll der Reisende das

Hindernis bitten, ihn hindurchzulassen. Wird diese Bitte verweigert, muß sie mit etwas größerem Nachdruck als Aufforderung wiederholt werden. Schließlich wird bei etwaigem abermaligem Mißerfolg das ganze als Befehl formuliert. Sollte auch dies nichts fruchten, was allerding nur äußerst selten geschieht, so empfiehlt der Tattwa-Leiter dem Reisenden eine Befehlsformel, mit der er die Kräfte des Elements selbst anruft, um seiner Forderung Nachdruck zu verleihen. So könnte der Reisende beispielsweise zu dem Hindernis sagen: »Im Namen des Feuers! Ich befehle dir, mich durchzulassen!« Eine Formel wie »Im Namen des...« wirkt, in Verbindung mit dem jeweils bereisten Element, wahre Wunder. Sie hat etwas Magisches an sich, dem das Unbewußte erfahrungsgemäß nicht wiederstehen kann.

Eine gute Taktik ist es auch, dem Klienten klarzumachen, daß die Hindernisse nur dazu da sind, um seine Ernsthaftigkeit auf die Probe zu stellen («Die wollen sehen, wie gut Sie sind!«). Das weckt den Wettbewerbs- und Kampfgeist und macht die Erfahrung zu der Herausforderung, die sie ja auch tatsächlich ist. Dieses Beseitigen von Hindernissen ist darüber hinaus auch bereits ein Teil aktiver Heilung.

Versuchen Sie stets, eine Panik des Klienten zu verhindern – Hysterie schadet ihm nur, zumal er während der Tattwa-Reise in einem sehr verwundbaren, suggestiblen Zustand ist. Die Kontrolle ist von allergrößter Wichtigkeit, und manche Klienten erlernen sie überhaupt erst durch die Konfrontation mit inneren Blockaden. Verfahren Sie mit in Panik geratenen Klienten ebenso wie mit hysterischen Patienten auch: behutsam, aber unnachgiebig. Seien Sie unbeugsam, wenn es darum geht, dem Reisenden deutlich zu machen, daß er sich nicht vor seiner Verantwortung für sein Element und seine Reise durch dessen Sphäre drücken kann! Unterlassen Sie dies, wird der Klient nämlich seine eigenen Schwächen und Unzulänglichkeiten auf Sie selbst projizieren und Sie zu einer Art »Vaterfigur« machen. Damit ist aber keiner Seite geholfen, am wenigsten der Selbständigkeit des Klienten und seiner Fähigkeit zur Selbstheilung und -harmonisierung. Auch Zimperlichkeit seitens des Tattwa-Leiters zahlt sich nicht aus; sie überträgt sich nur auf den Ratsuchenden und läßt ihn oft in einem weitaus schlimmeren seelischen Zustand zurück als vor Beginn der Reise.

Sie können und sollen Ihrem Klienten keine Traumata innerhalb der Tattwa-Sphäre abnehmen, aber Sie können und sollen ihm dabei helfen, sie auf konstruktive Weise durchzustehen und aus dieser Konfrontation Kraft und Mut für die eigene freie Lebensgestaltung zu schöpfen.

• Der gesunde Menschenverstand und die Tattwa-Reise

Es wäre ein sinnloses Unterfangen, sämtliche nur erdenklichen Situationen und Möglichkeiten aufzählen zu wollen, die sich im Laufe der Tattwa-Arbeit ergeben könnten. Daher soll hier auch nur noch kurz darauf hingewiesen werden, daß der gesunde Menschenverstand beim praktischen Umgang mit den Tattwas eine herausragende Rolle spielen sollte. Vom Tattwa-Leiter wird sehr viel Sensibilität gefordert, die gelegentlich sogar bis ins Sensitive hineingreift. Deshalb sollte er sich auch von seiner eigenen Intuition leiten lassen und ihr vertrauen. Da er selbst über eine gründliche Tattwa-Erfahrung verfügt, fällt es ihm nicht schwer, sich in den Klienten hineinzuversetzen und sich der jeweiligen Situation anzupassen. Aufgrund seiner Distanz und seines größeren Überblicks kann er oft in Sekundenschnelle ein Problem erfassen und den richtigen Rat erteilen. Dies ermöglicht ihm aber vor allem auch der gesunde Menschenverstand und ein gewissen Auf-dem-Boden-bleiben, was gerade bei Trancereisetechniken von größter Wichtigkeit ist.

Wenn Sie also im Laufe Ihrer Praxis zu anderen Empfehlungen und Vorgehensweisen finden sollten, als wir sie hier anbieten, so wählen Sie den pragmatischen Weg: Solange es funktioniert, solange Sie mit *Ihrer* Methode erfolgreich arbeiten können, sollten Sie sie auch beibehalten. Prüfen Sie alles gründlich und wählen Sie dann aus, was Ihnen nützt, ergänzen Sie es aus Ihrem eigenen Erfahrungsschatz und entwickeln Sie auf diese Weise Ihren eigenen Stil. Auch dabei werden Ihnen Tattwa-Reisen, ob angeleitete oder selbständige, helfen können und wertvolle Hinweise geben.

7. Kapitel

Die Rolle des Tattwa-Therapeuten

Der Tattwa-Therapeut ist »Seelenführer« im wahrsten Sinne des Wortes: Er führt den Klienten/Patienten ins Innere seiner Seele, um ihn die dort schlummernden Heilkräfte entdecken zu lassen. Seine Aufgabe besteht vornehmlich darin, diese Selbstheilungskräfte zu wecken und zu fördern, dem Klienten beim Überwinden von Hindernissen behilflich zu sein, zu verhindern, daß er während der Tattwa-Reise einschläft oder die Orientierung verliert und so weiter. Darüber hinaus soll er ihm Dinge *während* und *nach* der Reise bewußt machen, ohne ihn dabei zu manipulieren oder seinen freien Entscheidungswillen zu beeinträchtigen. Der Tattwa-Therapeut sollte stets im Bewußtsein behalten, daß der Klient/Patient dazu angehalten und herangezogen werden sollte, Tattwa-Arbeit in Eigenregie zu praktizieren.

Im Gegensatz zur Praxis der Schulmedizin ist der Tattwa-Therapeut jedoch kein »Gott in Weiß«, der eine Art Alleswisser-Funktion erfüllt. Gewiß, der Klient sucht bei ihm nicht nur die Anleitung in der Tattwa-Reise, sondern auch Rat und Hilfe bei der Bewältigung seiner seelischen und körperlichen Probleme; dennoch ist er weder autoritär – noch unfehlbar! Letzteres sollte nicht verschwiegen werden. So wie sich auch jeder Arzt irren kann, liegt der Tattwa-Leiter ebenfalls gelegentlich »daneben« und macht einen Fehler. Da der Klient ihm jedoch nicht völlig willenlos ausgeliefert ist, sondern vor allem mit *seinen eigenen* Symbolen und Entscheidungsmechanismen konfrontiert wird, und da er zum selbständigen Vorgehen angehalten und notfalls auch erzogen wird, wiegt ein etwaiger »Kunstfehler« bei ihm weitaus weniger schwer und läßt sich viel leichter korrigieren.

Eine weitere wichtige Aufgabe des Tattwa-Therapeuten ist die *Prophylaxe*. Es genügt nicht, Krankheitssymptome stets in bester »Feuerwehr-Manier« zu behandeln und nichts für die Gesundheits*vorsorge* zu tun. Die Tattwa-Therapie verzichtet auf aufwendige

Diät- und Bewegungsvorschriften (widerspricht diesen allerdings auch nicht!), und legt dem Menschen statt dessen nahe, durch regelmäßiges Bereisen seiner Element-Sphären für die erforderliche Prophylaxe *selbst* zu sorgen. Der Tattwa-Leiter kann ihm zeigen, wie dies zu bewerkstelligen ist. Im Prinzip ist der Klient schon nach einer einzigen Reise dazu in der Lage, die anderen Elemente in Eigenregie zu bereisen; wird er, wie in diesem Buch geschehen, gründlich darüber aufgeklärt, welche Grundprinzipien diese Technik prägen und was bei ihrer Anwendung zu beachten ist, so kommt er sogar ohne eine angeleitete Tattwa-Reise aus. Der Vorteil dieser Methode besteht nicht zuletzt darin, daß sie dem Spieltrieb des Menschen freien Raum läßt, daß sie den Abenteuergeist weckt und Welten und Kräfte erschließt, von denen man sonst bestenfalls träumt. Das hat sie mit der schamanischen Heilkunst gemeinsam, und wie diese verfügt sie auch über eine große Wirkungskraft.

Wer therapeutisch mit Tattwas arbeitet, wird schon bald feststellen, daß sich seine Klienten/Patienten auf jede neue Sitzung freuen – ein heilungsfördernder Faktor mehr! Der Tattwa-Therapeut, der sich als *Partner* und *Helfer* des Patienten begreift und nicht versucht, die Autoritätsperson herauszukehren, um mit Vorschriften und Maßregelungen zu arbeiten, findet im anderen einen bereitwilligen Abenteurer, der nur zu gern die Hilfen annimmt, die ihm sein eigenes Seeleninneres anzubieten hat.

Der Tattwa-Therapeut kommt bei seiner Arbeit nicht ohne ein gewisses Ausmaß an Intuition aus. Vor allem die Diagnose einer Erkrankung, also das Erstellen einer Zuordnungsformel innerhalb der Element-Symbolik, erfordert ein hohes Maß an Feingefühl. Aus diesem Grund darf er auch nicht rein verkopft nach irgendwelchen starren Zuordnungslisten vorgehen – er muß die Elemente aus sich selbst heraus verstehen! Wir werden im nächsten Kapitel einige Hinweise für den therapeutischen Umgang mit bestimmten Erkrankungen geben, doch sollten Sie sich als Tattwa-Therapeut stets von Ihrem eigenen »wissenden Fühlen« leiten lassen. Immerhin haben Sie dabei im Klienten/Patienten einen Partner, denn die Zuordnungsformel wird in der Regel gemeinsam erarbeitet.

Es empfiehlt sich auch für den Tattwa-Leiter, therapeutische Tattwa-Arbeiten gelegentlich durch eigene Tattwa-Reisen zu unterstützen, beispielsweise in sehr schwierigen Fällen oder wenn Sie sich unsicher sein sollten, wie Sie vorgehen sollen. Schließlich werden Sie als Tattwa-Therapeut die Macht der Element-Kräfte am eigenen Leib erfahren haben – also nutzen Sie sie auch für Ihre eigene Praxis und die Arbeit mit anderen! Ein solcher Hinweis mag manchem als überflüssig erscheinen, doch läßt es sich oft beobachten, daß viele Menschen sich leider selbst am allerwenigsten an ihre eigenen guten Ratschläge halten! Eine gewisse Betriebsblindheit führt oft dazu, daß man den Blick für den persönlichen Wert einer Heilmethode verliert, die man vor allem anderen Menschen angedeihen läßt.

Ein sehr häufig zu beobachtendes Phänomen ist die Tatsache, daß der Tattwa-Leiter sehr oft selbst an der Reise des Klienten teilnimmt. Natürlich tritt er dazu nicht eigens in die Tattwa-Sphäre mit ein, vielmehr fängt er häufig Bilder auf, die der Klient wahrnimmt, und zwar noch bevor dieser sie ihm beschrieben hat. Das ist einerseits ein sehr gutes Zeichen, denn es beweist, daß der Tattwa-Therapeut sich sehr stark für den Klienten und seine Reise sensibilisiert hat. Da er gleichzeitig bei vollem Wachbewußtsein bleibt, bekommt er somit eine doppelte Waffe in die Hand, denn natürlich bietet ihm dieses Miterfassen der Bildlichkeit einen weitaus intensiveren Eindruck von dem, was der Reisende durchlebt, was wiederum das Verständnis fördert.

Andererseits muß sich der Tattwa-Leiter natürlich davor hüten, seine Wahrnehmung nun seinerseits auf den Klienten zu übertragen. Für Menschen, die mit außersinnlicher oder feinstofflicher Wahrnehmung nicht vertraut sind, kann es sogar ein ausgesprochener Schock sein, wenn der Tattwa-Leiter plötzlich »in ihre Seele« hineinschaut. Mancher fühlt sich dadurch beunruhigt und verunsichert und verliert schließlich das Vertrauen in den Therapeuten. Deshalb sollten Sie derlei Wahrnehmungen besser für sich behalten und Ihre Beobachtungen im stillen auswerten, ohne sie an die große Glocke zu hängen. Immerhin ist dieses Phänomen interessant genug, um auch eine parapsychologische Überprüfung zu verdienen, wiewohl dies höchstwahrscheinlich äußerst schwierig sein dürfte. Doch die Tatsache, daß auf dem Wege der Tattwa-Arbeit unter anderem Psi-Erscheinungen wie hier die Telepathie freigesetzt oder ausgelöst werden können, ist ein weiteres Indiz dafür, wie tief mit dieser Methode ins Reich des Unbewußten vorgestoßen wird.

Ebenso wichtig wie die Tattwa-Reise selbst ist ihre Nachbereitung.

Wir haben im letzten Kapitel dazu bereits einiges ausgeführt. Hier soll lediglich noch darauf hingewiesen werden, daß es zu den Aufgaben des Tattwa-Therapeuten gehört, dem Klienten zu einer möglichst großen Klarheit über sein Erlebnis zu verhelfen. Dies darf jedoch nicht auf rein intellektueller Ebene geschehen; mit abstrakten Konzepten dringt man nur sehr schwer bis zum Kern der Symbole vor. Besteht ein Großteil der Arbeit während der Tattwa-Reise schon aus dem Stellen geschickter Fragen, so gilt dies um so mehr für die Phase der Nachbereitung und Besprechung der Reise. Die »Hebammen-Methode« des alten Sokrates hat sich auch in der Tattwa-Therapie hervorragend bewährt: Durch das Stellen der richtigen Fragen führt der Tattwa-Therapeut den Klienten dazu heran, die gesuchten Antworten selbst zu finden.

Selbstverständlich sollte dieser Vorgang durch entsprechende Erläuterungen unterstützt und abgerundet werden. Der Klient soll zwar zur Selbständigkeit ermuntert werden, darf aber andererseits nicht das Gefühl bekommen, der Tattwa-Therapeut verweigere sich seinem legitimen Aufklärungsverlangen. Wenn es dem Tattwa-Leiter gelingt, dem Klienten einerseits das Gefühl zu vermitteln, fachlich bei ihm gut aufgehoben zu sein, ihn andererseits aber auch hinreichend durch aktive Einbindung in den diagnostischen und therapeutischen Prozeß am persönlichen Ehrgeiz zu packen und ihm die Selbsterkenntnis durch die Tattwa-Reise als echte Herausforderung nahezubringen, so steht einer wirklich erfolgreichen Therapie nichts mehr im Wege.

Wie bei so vielen ganzheitlichen Heilmethoden gelangt der Klient über die Beschäftigung mit einem Problem schon bald an das nächste. Schon manch einer hat sich darüber beklagt, daß er eigentlich »nur« seinen Schnupfen kurieren wollte und plötzlich damit beschäftigt ist, seine gesamte Kindheit und seine Elternbeziehung aufzuarbeiten, sich mit seiner Liebesfähigkeit auseinanderzusetzen und sein Verhältnis zur Körperlichkeit zu untersuchen! Das ist jedoch in Wirklichkeit ein gutes Zeichen, zeigt es doch an, daß die ernsthafte Ursachenforschung Erfolge zeitigt und alles wie in einem Zahnradsystem ins andere greift. Es kommt nicht selten vor, daß Tattwa-Reisende eine einzige Reise über ein Jahr lang auswerten und daran arbeiten, die darin gewonnenen Erkenntnisse umzusetzen und anzuwenden. Erfahrungsgemäß ist ein solches Vorgehen meistens von geradezu spektakulärem Erfolg gekrönt – doch setzt es auch in der Regel einen entsprechend heftigen Leidensdruck voraus. Wenn der Tattwa-Therapeut dem Patienten/Klienten hinreichend deutlich machen kann, daß es in seinem eigenen Interesse steht, die einzelnen Tattwa-Reisen sorgfältig und gründlich zu verarbeiten, ja daß ihm dies auf lange Sicht sogar sehr viel Mühsal, Arbeit und Schmerz erspart, so wird er sich schon sehr bald um neue, andere Patienten/Klienten kümmern und seine Erfolgsliste erweitern können!

Ein weiterer wichtiger Punkt ist die Beratung und der Umgang mit anderen Therapieformen. Wir haben schon mehrfach darauf hingewiesen, daß die Tattwa-Therapie andere Heilmethoden nicht ablösen oder überflüssig machen, sondern sie ergänzen und abrunden will. Gewiß lassen sich viele Erkrankungen auch mit der Tattwa-Arbeit allein beheben; dennoch wäre es keine gute Taktik, dem Patienten/Klienten von anderen Therapien abzuraten. Die einzige Ausnahme bilden, mit Einschränkungen, Techniken, die aus dem Bereich der Geist-, der Trance- und der Visionsreise stammen. Hierbei könnte es für den Kranken zu störenden Interferenzen kommen, zu einer Verwirrung der Symbolebenen. Gegen Autogenes Training ist jedoch nichts einzuwenden, solange die Tattwa-Reisen nicht mit dem katathymen Bilderleben verwechselt werden. So wie viele Köche den Brei verderben, können viele verschiedene, gleichzeitig eingesetzte Therapien den gewünschten Heilungsprozeß ausgesprochen stören und behindern, zumal dann, wenn sie auf ähnlichen, aber eben doch nicht identischen Grundlagen fußen wie die Tattwa-Arbeit. Dem Einsatz von Homöopathie oder Akupunktur steht jedoch nichts entgegen, ebenso können Disziplinen wie Yoga, Rebirthing, Posturale Integration oder Neurolinguistisches Programmieren wirkungsvoll mit der Tattwa-Therapie gekoppelt werden.

Wenn Sie in einem Heilberuf tätig sein sollten, können Sie die Tattwa-Arbeit nach eigener Maßgabe mit Ihren bevorzugten Heilmethoden verbinden und dem Patienten/Klienten im Zusammenhang mit seinen Reisen Empfehlungen (auch medikamentöser Art) geben, wenn Sie dies für sinnvoll halten. In einem solchen Fall stellt die Tattwa-Therapie eine geradezu ideale Ergänzung eher materialistischer Heilmethoden dar, verleiht sie diesen doch eine zusätzliche, besonders wirkungsvolle symbol-logische Dimension. Sie bindet die Kräfte des Unbewußten, die Schatzkammer der Seele, in den Gesamtheilungsprozeß ein und hilft somit, im wahrsten Sinne *ganzheitlich* vorzugehen.

Von professioneller Seite wird gegen die Tattwa-Therapie oft eingewandt, sie sei zu zeitaufwendig. Tatsächlich läßt sich im normalen Praxisbetrieb nur selten eine eineinhalb- bis zweistündige Behandlungssitzung pro Patient einrichten – zumindest oberflächlich betrachtet. Bei genauerer Untersuchung geht diese Rechnung jedoch nicht immer auf. Zum einen müssen wir die Grundlage aller Heilkunst bedenken, und diese lautet, daß für den Patienten das Beste gerade gut genug sein sollte. Gerade die Schulmediziner werden ja immer schärfer wegen ihrer weitverbreiteten »Fließbandmentalität« angegriffen, die den Patienten oft genug nur als reine Wartesaalnummer mißversteht und ihn in einem unglaublichen Tempo durch den Betrieb zu schleusen versucht. Ohne verallgemeinern oder gar einen ganzen ehrenwerten Berufsstand pauschal verurteilen zu wollen, muß doch die Frage erlaubt sein, ob bei einer solchen Einstellung nicht die »Pfuscharbeit« automatisch vorprogrammiert wird. Eigentlich sollte es eine Selbstverständlichkeit sein, daß sich der Therapeut ausreichend Zeit für seinen Patienten nimmt. Immerhin werden psychotherapeutische Beratungen und Sitzungen auch nicht in zehn Minuten durchgepeitscht!

Aber auch vom wirtschaftlichen Standpunkt aus ist die Tattwa-Therapie durchaus interessant und konkurrenzfähig. Immerhin lassen sich mit ein und derselben Sitzung mehrere Einzelsitzungen anderer Therapiemethoden ersetzen; darüber hinaus macht der Praktiker oft die Feststellung, daß nicht selten mit einer Tattwa-Reise gleich mehrere Leiden auf einmal kuriert werden. Schließlich ist zu berücksichtigen, daß der Patient/Klient, wenn er tatsächlich dem Rat des Therapeuten folgt und zu Hause weitere Tattwa-Reisen in Eigenregie durchführt, die Heilung aus eigener Kraft und aktiver Mithilfe beschleunigt und somit auch die therapeutische Praxis entlastet. Nach den anfänglichen Sitzungen sind oft nur noch relativ kurze Nachbesprechungen erforderlich, die bequem mit einer entsprechenden Untersuchung gekoppelt werden können.

Zusammenfassend läßt sich feststellen, daß der Tattwa-Therapeut eher die Funktion eines *Mittlers* zwischen dem Bewußtsein des Patienten/Klienten und seinem Unbewußten hat. Er ist *Symbolübersetzer* und Reiseleiter zugleich, ein Katalysator, der der Natur den nötigen Freiraum schafft, um von alleine wirksam zu werden, und der ihre Heilkräfte aktiviert, indem er ihren innewohnenden Symbolstrukturen Leben einhaucht. Zugleich führt er den Patienten/Klienten nicht nur aus seiner Erkrankung heraus, sondern verhilft ihm im Idealfall zu einer eigenständigen Sinnfindung und Lebenserfüllung. Gelingt ihm dies, so trägt er zu Recht die Ehrenbezeichnung *Heiler*.

Die Tattwa-Reise ist ein Abenteuer im Inneren der Seele, und der Tattwa-Therapeut ist ihr Vermittler. Er fungiert als erfahrener Ratgeber, nicht jedoch als echter Expeditionsleiter. Auf diese Weise läßt er den Patienten/Klienten eigene Führerqualitäten entwickeln und bietet ihm weit mehr als die vergleichsweise banale Befreiung von Symptomen, mit der sich leider immer noch viel zu viele Heilberufler *und* Patienten zufriedengeben.

Abschließend sollte noch erwähnt werden, daß der Tattwa-Therapeut den Patienten/Klienten auch gelegentlich bremst, wo es nötig sein sollte. Es hat keinen Wert, von der Tattwa-Therapie Wunder zu erwarten. Wie jede andere Heilmethode ist auch sie kein Patentrezept wider jedes erdenkliche Leiden. Man sollte sie mit Realismus angehen und übertriebene Erwartungen vermeiden. Die Einbeziehung des Alltaglebens, beispielsweise durch das Ausführen kleiner, in den Tattwa-Sphären empfangener Rituale, sorgt für eine gewisse Erdung: Der Patient/Klient lernt, am Boden zu bleiben und ungute Höhenflüge zu vermeiden. Letztlich gilt auch hierbei der alte Grundsatz: Wunder geschehen immer nur dann, wenn man *nicht* auf sie wartet!

8. Kapitel

Anwendungsbeispiele für die Therapie

Die Bestimmung der Tattwa-Zugehörigkeit pathogener Störungen

Bereits in dem Abschnitt über die Zuordnungsformel haben wir auf die Problematik hingewiesen, Symbole allzu präzise fassen zu wollen und dem Irrglauben zu verfallen, eine pathogene Störung, also eine Krankheit, ließe sich eindeutig *einem einzigen* Element-Bereich zuordnen. Vorrangig sollte nicht nach festgeschriebenen Ursachenlisten, sondern nach innerem Verstehen der Elemente verfahren werden.

Aus diesem Grund haben wir auch lange gewartet, bis wir eine solche Liste in diesem Buch vorstellten. Denn es geht zunächst einmal darum, die Grundprinzipien zu begreifen und umzusetzen, nach denen die Tattwa-Therapie arbeitet.

Die Mehrdeutigkeit der Symbole hat auch einige Konsequenzen für die praktische Tattwa-Arbeit. So werden beispielsweise Muskelverkrampfungen meistens Gefühlsursachen haben. Deshalb können die Symptome nach der Zuordnungsformel *Muskelverkrampfungen = Unfähigkeit des Loslassens = Störung im Wasser-Element* mit dem Element Wasser behandelt werden. Tatsächlich läßt sich aber auch, wie wir bereits gesehen haben, eine andere Zuordnungsformel finden: *Muskelverkrampfungen = fehlgeleitete Festigkeit = Störung im Erd-Element*. Welche der beiden Zuordnungsformeln ist nun richtig?

Eine solche Frage ist nur im Zusammenhang mit einer analytischen Vorgehensweise sinnvoll. Im ganzheitlichen Denken dagegen hat sie keinen Platz, da dort darin kein echter Widerspruch gesehen wird. Denn es sind wahrscheinlich beide Zuordnungsformeln richtig, sie ergänzen einander und zeigen unterschiedliche Aspekte derselben Problematik auf. Ob dem tatsächlich so ist, kann natürlich nur die praktische Arbeit zeigen. In diesem Beispiel würden also beide Elemente, das Wasser- und das Erd-Tattwa, bereist werden, um zu einer Heilung zu gelangen.

Einen Rat sollte der Tattwa-Therapeut bei der Zuordnung pathogener Störungen zur Element-Symbolik allerdings beherzigen: Es empfiehlt sich nicht, äußere Deutungs- und Interpretationsmuster zur Grundlage der Tattwa-Diagnose zu machen. In unserem obigen Beispiel ist dies bei der ersten Zuordnungsformel der Fall: Der Begriff »Unfähigkeit des Loslassens« impliziert die Norm, daß Loslassen etwas Gutes, Heilsames sei. Dem soll hier keineswegs widersprochen werden, dennoch erscheint uns die zweite Zuordnungsformel (»fehlgeleitete Festigkeit«) als neutraler, weshalb ich persönlich es auch vorziehen würde, hier *primär* mit dem Erd-Tattwa zu arbeiten und erst *sekundär* mit dem Wasser-Tattwa. Andererseits kann bei großen Schmerzen innerhalb des Wasser-Tattwas zunächst eine gründliche Entkrampfung herbeigeführt werden, auf deren Grundlage dann eine echte Inangriffnahme der Beschwerdeursachen innerhalb des Erd-Elements erfolgen kann.

Wir sehen also einmal mehr, daß es zu einem wirkungsvollen Umgang mit der Element-Symbolik im therapeutischen Rahmen schon eines ausgeprägten Einfühlungsvermögens bedarf. Wir möchten dies noch einmal betonen und der nun folgenden Zuordnungsliste vorausschicken. *Fassen Sie diese Liste bitte als Anregung und Denkanstoß auf, nicht aber als unumstößliche Festschreibung der Element-Ursachen pathogener Störungen!* Es handelt sich dabei um Ungefährwerte aus der Praxis, die jedoch von Fall zu Fall variieren können. Der Übersichtlichkeit halber haben wir noch einmal die wichtigsten Stichworte zur Charakterisierung der Elemente selbst aufgeführt, was die Ableitung der Zuordnungen stärker veranschaulicht.

Zuordnungen organisch/pathologisch/somatischer Störungen zu den Tattwas (Annäherungsliste)

Erde

Struktur, Festigkeit, Beständigkeit, materielle Lebensfaktoren, Konzentration, Bewahren *organisch/pathologisch/somatisch:* Knochen, Haut, Gelenke, Verdauung, Sehnen, Körperkondition, Widerstandskraft

Wasser
Gefühl, Intuition, Wandel, Empfänglichkeit, affektive Lebensfaktoren, Vision
organisch/pathologisch/somatisch: Kreislauf, Hormonhaushalt, die »Körpersäfte«, Gefäßsystem, Nieren, Milz, zyklische Somatik

Feuer
Wille, Trieb, Sexualität, Durchsetzungsvermögen, »Drive«, Spannkraft
organisch/pathologisch/somatisch: Sexualorgane, Blutbeschaffenheit, allgemeine Vitalität, Herz, Leber, Augen, Muskulatur, Lymphsystem, Motorik

Luft
Verstand, Kommunikationsfähigkeit, sprachlicher/denkerischer Ausdruck, Ratio, Sprache
organisch/pathologisch/somatisch: Atemorgane, Poren, Sprechwerkzeuge, Kopfbereich, Hirn, Ohr, Genetik

Was das Element *Äther* oder *Geist* angeht, so ist dieses nicht so leicht zu bestimmen, wie denn auch die obige Liste ja nur aus Annäherungen besteht. Wir könnten den *Äther* sowohl mit *Ethos* und *Sinngebung* umschreiben, als auch mit *überindividuellen*, *transpersonalen* Lebensfaktoren; hier haben wir es organisch/pathologisch mit den rein seelischen, aber auch schicksalhaften Ursachen von Erkrankungen zu tun.

Wenn Sie heilkundlich versiert sind, werden Sie an der obigen Liste einiges auszusetzen haben. Das ist auch gut so, denn es sensibilisiert Sie für die Denkungsweise, mit der wir es bei der symbolorientierten Tattwa-Therapie zu tun haben.

Um noch einmal die Problematik der Zuordnung an einem konkreten Beispiel zu veranschaulichen, wollen wir uns mit dem Gebiet der Kreislaufstörungen befassen.

Wir haben den Kreislauf dem Element Wasser zugeordnet, was

wohl angesichts seiner Funktion des Strömenlassens von Blut (und somit Energie) keiner weiteren Erklärung bedarf. Doch damit sind wir noch nicht sehr viel weiter. Nehmen wir einen zu niedrigen Blutdruck, können wir die Zuordnungsformel aufstellen: *niedriger Blutdruck = Mangel an Bewegungskraft = Störung des Feuer-Elements.* Ein überhöhter Blutdruck dagegen wird nach gleichem Muster als ein Zuviel des Elements Feuer gewertet. Gehen wir das Problem von seinen Ursachen her an und stellen wir fest, daß beispielsweise eine Arterienverkalkung technisch-organisch die Kreislaufstörung bedingt, so müßten wir konstatieren: *überhöhter Blutdruck durch Arterienverkalkung = Zuviel an Verhärtung = Störung des Erd-Elements.* Betrachten wir in ihm jedoch die »Managerkrankheit«, die auf einer Herzschädigung aufgrund der Unterdrückung des Gefühlslebens durch den Verstand (beispielsweise im Interesse der beruflichen Karriere) beruht, so haben wir es mit einer Ursache im Bereich des Elements Luft zu tun: *überhöhter Blutdruck durch rationale Gefühlsunterdrückung = Tyrannei des Intellekts = Störung des Luft-Elements.*

Sie sehen an diesem Einzelbeispiel, weshalb wir hier schon aus sachlichen Gründen darauf verzichten müssen, eine Liste konkreter Erkrankungen anzubieten. Statt dessen wollen wir mit den folgenden Kurzdarstellungen Erfahrungen aus der Praxis wiedergeben, die Ihnen Anregung für den eigenen Umgang mit den Tattwas sein sollen. Alles hier Behandelte gilt sowohl für selbständige als auch für angeleitete Tattwa-Reisen.

Kurze Fallbeispiele aus der Tattwa-Therapie

Störung/Beschwerden: Migräne/Kopfschmerzen
Patient: weiblich, 38 Jahre
Tattwa-Therapie: Reise ins Feuer-Tattwa; begleitend: Entspannungstechniken
Heilungserfolg: nach ca. 3 Monaten

Störung/Beschwerden: Kurzsichtigkeit
Patient: weiblich, 34 Jahre
Tattwa-Therapie: Reise ins Feuer-Tattwa; praktische Symbolarbeit

im Alltag (Heilungsrituale); Auseinandersetzung mit der eigenen Sexualität
Heilungserfolg: subjektive Verbesserung der Sehfähigkeit nach 3 Tagen, danach Rückfall; objektive Verbesserung nach gründlicher Nachbereitung in Verbindung mit Augenentspannungsübungen nach ca. 8 Monaten

Störung/Beschwerden: Glieder- und Muskelschmerzen
Patient: männlich, 56 Jahre
Tattwa-Therapie: Reise ins Feuer-Tattwa, darin Element-Taufe
Heilungserfolg: deutliche Linderung sofort nach der Sitzung, dauerhafter Erfolg schon am nächsten Tag (völlige Beschwerdefreiheit)

Störung/Beschwerden: endogene Depressionen
Patient: weiblich, 48 Jahre
Tattwa-Therapie: Reise ins Erd-Tattwa, darin Element-Taufe
Heilungserfolg: subjektive Besserung sofort; aufgrund systematischer Nachbereitung dauerhafte Besserung nach wenigen Wochen (Anfälligkeit blieb jedoch bestehen)

Störung/Beschwerden: Blutunterdruck
Patient: männlich, 17 Jahre
Tattwa-Therapie: Reise ins Erd-Tattwa, darin Element-Taufe
Heilungserfolg: signifikante Behebung der Symptome binnen einer Woche, dauerhafte Heilung nach ca. 3 Wochen

Störung/Beschwerden: Asthma/chronische Bronchitis
Patient: weiblich, 39 Jahre
Tattwa-Therapie: Reise ins Luft-Tattwa, darin Element-Taufe
Heilungserfolg: subjektive Besserung der Symptome sofort; durch gründliche Nachbereitung seit drei Jahren beschwerdefrei

Störung/Beschwerden: psychisch bedingte Impotenz
Patient: männlich, 58 Jahre
Tattwa-Therapie: Reise ins Wasser-Tattwa; begleitend: Entspannungstechniken

Heilungserfolg: Lösung von Sexualängsten durch sorgfältige Nachbereitung; Behebung der Symptome nach ca. 2 Monaten

Störung/Beschwerden: Bettnässen
Patient: weiblich, 12 Jahre
Tattwa-Therapie: Reise ins Wasser-Tattwa mit Element-Taufe
Heilungserfolg: sofort

Störung/Beschwerden: Frigidität
Patient: weiblich, 36 Jahre
Tattwa-Therapie: Reise ins Feuer-Tattwa mit Element-Taufe; begleitend: Entspannungstechniken
Heilungserfolg: Aufarbeitung von Sexualängsten und sexueller Überpassivität; Erfolg nach ca. 5 Monaten

Störung/Beschwerden: manische Depressivität
Patient: weiblich, 47 Jahre
Tattwa-Therapie: Reise ins Erd-Tattwa; Reise ins Wasser-Tattwa; Reise ins Luft-Tattwa; Reise ins Feuer-Tattwa; Reise ins Äther-Tattwa
Heilungserfolg: langwierige Auseinandersetzung mit verdrängten Seeleninhalten (Kindheitstraumata, Unfallneurosen); durch systematische Nachbereitung und regelmäßige Tattwa-Arbeit: beschwerdefrei seit zwei Jahren.

Übung 10

Schulung der Zuordnung von pathogenen Störungen zur Element-Symbolik

Ordnen Sie folgende Erkrankungen/Störungen einem oder mehreren Elementen zu und begründen Sie Ihre Entscheidung:

- Diabetes mellitus
- Gastritis
- Phlebitis
- Nierensteinbildung

- Gallensteinbildung
- Prostataadenom
- Superazidität
- Paranoia
- Anämie
- Hämatom

Wenn Sie sich intensiv mit dieser Liste auseinandergesetzt haben, werden Sie wahrscheinlich schon bald zu dem Schluß gelangen, daß es wohl doch das Sinnvollste ist, das *Gesamtbild* einer Erkrankung, einschließlich der vollständigen Anamnese des Patienten, zu betrachten, anstatt zu versuchen, pathogene Störungen schematisch in ein Symbolparadigma einzuordnen. Tatsächlich wird jeder erfahrene Tattwa-Therapeut auch so verfahren und gegebenfalls von allen scheinbaren »Regeln« abweichen, wo ihm die eigene Erfahrung und Intuition dies nahelegen.

Nicht unterschätzen sollte man bei einer Behandlung auch die Mitwirkung und, vor allem, Mit-*Entscheidung* des Patienten selbst. Auch wenn dieser mit der Element-Symbolik nur unvollkommen vertraut sein dürfte, sollte der Tattwa-Therapeut seine Meinung dennoch berücksichtigen und im Zweifelsfall der Intuition des Patienten die Wahl des ersten zu bereisenden Tattwas überlassen.

9. Kapitel

Die Arbeit mit den Unter-Tattwas

Wir haben schon mehrfach festgestellt, daß man es sich mit der Zuordnung der Elemente zu Lebenssituationen, Erkrankungen und Problemen aller Art nicht zu einfach machen darf. So gingen bereits die antiken Elementlehren davon aus, daß die Elemente stets *ineinander greifen*, miteinander also, wie wir es heute formulieren würden, in *Interdependenz* stehen. Sie sind voneinander abhängig, und kein Element tritt jemals isoliert auf.

Um dieser Erkenntnis Rechnung zu tragen, wurden die sogenannten *Unter-Tattwas* entwickelt, die wir im 2. Kapitel bereits kurz vorgestellt haben. Nehmen wir zur Veranschaulichung einmal einen Wasserfall, der von einem Bergkamm herabströmt. Er hat viele Aspekte, die sich auch mit der Element-Symbolik beschreiben lassen. Sein Grundelement ist das *Wasser*, was wohl keiner weiteren Erklärung bedarf. In der Symbolik der Unter-Tattwas nennen wir diesen Aspekt *Wasser von Wasser*, was im Prinzip (aber nicht unbedingt immer im Detail!) identisch ist mit dem Hauptelement Wasser schlechthin. Was ist mit dieser Einschränkung gemeint? Diese Frage läßt sich leicht beantworten, wenn wir uns vor Augen halten, daß wir ja mit den Unter-Elementen differenzieren möchten. Würden wir den Wasserfall nur dem Element Wasser zuordnen, so hieße dies, eine gewisse Unschärfe in Kauf zu nehmen, die nicht immer praktikabel ist, obwohl ja Symbole, wie wir mehrfach gezeigt haben, nie überdefiniert werden sollten. Aber wir würden bei einem solchen Vorgehen nicht zwischen einem stillen Teich, unserem rauschenden Wasserfall und einem ruhig dahinplätschernden Bach unterscheiden können. Daher leuchtet es ein, wenn wir von *Wasser von Wasser* sprechen und damit den hier nicht mehr zu erklärenden wässrigen Aspekt des Wassers meinen, was aus den weiteren Differenzierungen, die nun folgen, noch deutlicher wird.

Betrachtet man nun sein kraftvolles Hinabrauschen in die Tiefe, seine Wucht, deren Dynamik beispielsweise die Turbinen eines Wasserkraftwerks antreiben könnte, sehen wir darin einen ausgesprochen *feurigen* Aspekt. Diesen nennen wir *Feuer von Wasser*.

Die Schnelligkeit seines Fließens und seine Bewegung von einem Ort zum anderen wiederum ist sein *luftiger* Aspekt, den wir als *Luft von Wasser* bezeichnen.

Ist auf den Wasserfall »Verlaß«, ist er also beständig und trocknet er nicht aus, wenn mal die Regenfälle ausbleiben, besitzt er also eine gewisse berechenbare Beständigkeit, so bezeichnen wir diesen *erdigen* Aspekt als *Erde von Wasser*.

Der Wasserfall als Vertreter des »Wasserfalls schlechthin«, gewissermaßen als Archetyp oder Urbild, als Verkörperung einer *Idee* (*eideia*) im platonischen Sinne, hat auch einen *ätherischen* Aspekt. Auch wenn er uns als Symbol für den Fluß der Schöpfung gilt oder auch, noch konkreter, für die Kraft der Natur, sprechen wir von *Äther von Wasser*.

Dieses Beispiel diente nur der Veranschaulichung. Es ließen sich noch zahlreiche weitere Aspekte aufzeigen oder gar die obigen etwas anders gewichten beziehungsweise einordnen. Es versteht sich, daß auch dieser Umgang mit den Elementen stets sehr subjektiv ist. Nur durch die Praxis können Sie ein wirkliches Gefühl für die Feinanalyse der Elemente bekommen. Dem dienen auch die folgenden Übungen, die Sie erst absolvieren sollten, bevor Sie sich an die praktische Arbeit mit den Unter-Tattwas machen. Sie kennen bereits die ganz ähnlichen Übungen aus dem 3. Kapitel. Damit Ihnen lästiges Nachschlagen erspart bleibt, sind sie hier noch einmal (natürlich in entsprechend angepaßter Form) wiedergegeben. Im übrigen gilt das im 3. Kapitel zu den Übungen Gesagte.

Übung 11

Nehmen Sie sich einen beliebigen *künstlichen* Gegenstand vor, beispielsweise einen Kugelschreiber oder ein Radio. Meditieren Sie nun eine Weile über seine Unter-Tattwas und halten Sie das Ergebnis Ihrer Meditation schriftlich fest. Dabei werden Ihnen die folgenden Fragen helfen.

- Welchem Grund-Tattwa ordne ich diesen Gegenstand zu und weshalb?
- Worin liegt sein Aspekt *Erde von*__________ ? (Hier ordnen Sie das aus der ersten Frage ermittelte Element ein. Ähnlich verfahren Sie bei den weiteren Fragen.
- Worin liegt sein Aspekt *Wasser von*__________?
- Worin liegt sein Aspekt *Feuer von*__________?
- Worin liegt sein Aspekt *Luft von*__________?
- Worin liegt sein Aspekt *Äther von*__________?

Übung 12

Nehmen Sie sich nun eine bestimmte Situation in Ihrem Leben vor, vielleicht ein besonders freudiges oder schmerzliches Ereignis, auf jeden Fall etwas, was Sie emotional stark berührt.

Verfahren Sie damit wie bei der obigen Übung, indem Sie die Situation also hinsichtlich ihrer Unter-Tattwas gründlich beleuchten und untersuchen. Halten Sie auch diese Ergebnisse schriftlich fest.

Übung 13

Nehmen Sie sich nun ein Problem vor, vor dem Sie augenblicklich stehen, beispielsweise eine akademische Prüfung, ein Bewerbungsgespräch oder bestimmte Geldsorgen.

Analysieren Sie das Problem wie schon in den beiden vorhergehenden Übungen geschehen. Wiederum schreiben Sie alles auf, was Ihnen dazu einfällt und Ihrer Meinung nach den Kern der Sache trifft.

Übung 14

Mit dieser Übung kommen wir zur eigentlichen praktischen Anwendung der Unter-Tattwa-Symbolik.

Gehen Sie das Problem aus der vorigen Übung nun unter dem Gesichtspunkt Ihres möglichen *Verhaltens*, also der Lösungsfindung an. Stellen Sie sich also in etwa folgende Fragen:

- Wie würde ich das Problem auf *Erde von*__________-Weise angehen und lösen?
- Wie würde ich das Problem auf *Wasser von*__________-Weise angehen und lösen?
- Wie würde ich das Problem auf *Feuer von*__________-Weise angehen und lösen?
- Wie würde ich das Problem auf *Luft von*__________-Weise angehen und lösen?
- Wie würde ich das Problem auf *Äther von*__________-Weise angehen und lösen?

Wenn es sich um ein wirklich wichtiges Problem handelt, sollten Sie auch diese Übung mehrfach durchführen wie schon im 3. Kapitel, möglicherweise auch über mehrere Tage verteilt. Nach einer längeren Phase einer solchen Meditation wird Ihnen dann die richtige, abgerundete Lösung für Ihr Problem in der Regel ganz von allein einfallen – eine Lösung, die sämtlichen Elementen und somit allen Aspekten der Angelegenheit gerecht wird. Indem Sie lernen, auch Ihr Verhalten im Bezugssystem einer Element-Symbolik zu verstehen und einzuordnen, wird Ihnen einerseits die Arbeit mit den Tattwas leichterfallen; andererseits aber finden Sie, was vielleicht noch wichtiger ist, auf diese Weise zu einem *ganzheitlichen* Leben.

Sie werden bemerkt haben, daß wir die Übungen der genaueren Erklärung der Unter-Tattwas vorgezogen haben. Dies hat nicht zuletzt auch didaktische Gründe. Wenn Sie nämlich das bisher Behandelte gründlich durchgearbeitet haben, sollten Sie dazu in der Lage sein, zusammen mit unseren einleitenden Erklärungen zu Anfang des Kapitels das Prinzip der Unter-Elemente selbst zu entwickeln. Um Ihnen die Arbeit aber etwas zu erleichtern, folgt nun eine Beschreibung der einzelnen Unter-Tattwas. Diese ist aber ganz bewußt nur auf wenige Stichworte beschränkt, was inzwischen auch genügen dürfte.

Das Unter-Tattwa *Erde* von *Erde*

Grundsymbol: gelbes Quadrat
Komplementärsymbol: violettes Quadrat

Stichworte: das Feste der Erde; Beständigkeit; Berechenbarkeit; Ausdauer; Beharrlichkeit der Struktur

Das Unter-Tattwa *Erde* von *Wasser*

Grundsymbol: gelbes Quadrat in silberner Sichel
Komplementärsymbol: violettes Quadrat in grauer Sichel
Stichworte: das Beständige des Wassers; Dauerhaftigkeit des Wandels; Ausdauer des Fließens; Beharrlichkeit des Gefühls

Das Unter-Tattwa *Erde* von *Feuer*

Grundsymbol: gelbes Quadrat in rotem Dreieck
Komplementärsymbol: violettes Quadrat in grünem Dreieck
Stichworte: das Beständige des Feuers; Dauerhaftigkeit der Energie; Ausdauer der Durchsetzungskraft; Beharrlichkeit des Willens

Das Unter-Tattwa *Erde* von *Luft*

Grundsymbol: gelbes Quadrat in hellblauem Kreis
Komplementärsymbol: violettes Quadrat in orangefarbenem Kreis
Stichworte: das Beständige der Luft; Dauerhaftigkeit des Erkennens; Gründlichkeit der Struktursuche; Beharrlichkeit des Forscherwillens;

Das Unter-Tattwa *Erde* von *Äther*

Grundsymbol: gelbes Quadrat in violettem Ei
Komplementärsymbol: violettes Quadrat in bernsteinfarbenem Ei
Stichworte: das Beständige des Äthers; Dauerhaftigkeit der Weisheit; Ausdauer der geistigen Suche; Beharrlichkeit der Ichfindung

Das Unter-Tattwa *Wasser* von *Wasser*

Grundsymbol: silberne Mondsichel
Komplementärsymbol: graue Mondsichel
Stichworte: das Fließende des Wassers; Wechselhaftigkeit; das Überraschende; Anpassungsfähigkeit; Auflösung

Das Unter-Tattwa *Wasser* von *Erde*

Grundsymbol: silberne Mondsichel in gelbem Quadrat
Komplementärsymbol: graue Mondsichel in violettem Quadrat
Stichworte: das Fließende der Erde; die Wechselhaftigkeit der Strukturen; Intuition beim Erstellen von Regeln und Strukturen; Auflösung des Festen

Das Unter-Tattwa *Wasser* von *Feuer*

Grundsymbol: silberne Mondsichel in rotem Dreieck
Komplementärsymbol: graue Mondsichel in grünem Dreieck
Stichworte: das Fließende des Feuers; Wechselhaftigkeit der Energie; Unbeständigkeit der Durchsetzungskraft; Willensschwankung;

Das Unter-Tattwa *Wasser* von *Luft*

Grundsymbol: silberne Mondsichel in hellblauem Kreis
Komplementärsymbol: graue Mondsichel in orangefarbenem Kreis
Stichworte: das Fließende der Luft; Wechselhaftigkeit des Denkens; Intuition des Erkennens; Unbeständigkeit des Forscherwillens

Das Unter-Tattwa *Wasser* von *Äther*

Grundsymbol: silberne Mondsichel in violettem Ei
Komplementärsymbol: graue Mondsichel in bernsteinfarbenem Ei
Stichworte: das Fließende des Äthers; Wechselhaftigkeit der Wahrheiten; Intuition der geistigen Suche; Gemütsschwankung bei der Ichfindung

Das Unter-Tattwa *Feuer* von *Feuer*

Grundsymbol: rotes Dreieck
Komplementärsymbol: grünes Dreieck
Stichworte: die Willenskraft des Feuers; Energie; Durchsetzungskraft; Trieb; Aktivität

Das Unter-Tattwa *Feuer* von *Erde*

Grundsymbol: rotes Dreieck in gelbem Quadrat
Komplementärsymbol: grünes Dreieck in violettem Quadrat
Stichworte: die Willenskraft der Erde; Energetik der Strukturgebung; Durchsetzungswille des Beständigen; Schlagkraft des Ordnungswillens

Das Unter-Tattwa *Feuer* von *Wasser*

Grundsymbol: rotes Dreieck in silberner Mondsichel
Komplementärsymbol: grünes Dreieck in grauer Mondsichel
Stichworte: die Willenskraft des Wassers; Energetik des Fließens; Durchsetzungswille des Wandelbaren; Schlagkraft der Intuition

Das Unter-Tattwa *Feuer* von *Luft*

Grundsymbol: rotes Dreieck in hellblauem Kreis
Komplementärsymbol: grünes Dreieck in orangefarbenem Kreis
Stichworte: die Willenskraft der Luft; Energetik des Erkennens; Durchsetzungswille des Forschergeists; Schlagkraft des Intellekts

Das Unter-Tattwa *Feuer* von *Äther*

Grundsymbol: rotes Dreieck in violettem Ei
Komplementärsymbol: grünes Dreieck in bernsteinfarbenem Ei
Stichworte: die Willenskraft des Äthers; Energetik der Weisheit; Aktivität der geistigen Suche; Durchsetzungswille der Ichfindung

Das Unter-Tattwa *Luft* von *Luft*

Grundsymbol: hellblauer Kreis
Komplementärsymbol: orangefarbener Kreis
Stichworte: das Bewegliche der Luft; Erkennen; Struktursuche; Forscherwille; Kommunikation; Leichtigkeit; Suche

Das Unter-Tattwa *Luft* von *Erde*

Grundsymbol: hellblauer Kreis in gelbem Quadrat
Komplementärsymbol: orangefarbener Kreis in violettem Quadrat
Stichworte: das Bewegliche der Erde; Erkennen der Beständigkeit; Suche nach Berechenbarkeit; Kommunikationsstruktur

Das Unter-Tattwa *Luft* von *Wasser*

Grundsymbol: hellblauer Kreis in silberner Sichel
Komplementärsymbol: orangefarbener Kreis in grauer Sichel
Stichworte: das Bewegliche des Wassers; Erkennen des Wandels; Suche nach Gefühlsstrukturen

Das Unter-Tattwa *Luft* von *Feuer*

Grundsymbol: hellblauer Kreis in rotem Dreieck
Komplementärsymbol: orangefarbener Kreis in grünem Dreieck
Stichworte: das Bewegliche des Feuers; Erkennen der Durchsetzungsmöglichkeiten; Leichtigkeit der Aktivität; Bewegung der Energie; Verstehen des Willens

Das Unter-Tattwa *Luft* von *Äther*

Grundsymbol: hellblauer Kreis in violettem Ei
Komplementärsymbol: orangefarbener Kreis in bernsteinfarbenem Ei
Stichworte: das Bewegliche des Äthers; Erkennen der Weisheit; Intelligenz der geistigen Suche; Leichthändigkeit der Ichfindung; Kommunikation mit dem Transpersonalen

Das Unter-Tattwa *Äther* von *Äther*

Grundsymbol: violettes Ei
Komplementärsymbol: bernsteinfarbenes Ei
Stichworte: das Abstrakte des Äthers; Weisheit; geistige Suche; Ichfindung; Ideale; das Transpersonale

Das Unter-Tattwa *Äther* von *Erde*

Grundsymbol: violettes Ei in gelbem Quadrat
Komplementärsymbol: bernsteinfarbenes Ei in violettem Quadrat
Stichworte: das Abstrakte der Erde; Weisheit der Beständigkeit; Ideal der Ordnung; transpersonale Struktur

Das Unter-Tattwa *Äther* von *Wasser*

Grundsymbol: violettes Ei in silberner Mondsichel
Komplementärsymbol: bernsteinfarbenes Ei in grauer Mondsichel
Stichworte: das Abstrakte des Wassers; Weisheit des Gefühls; Ideal des Fließens; transpersonale Intuition

Das Unter-Tattwa *Äther* von *Feuer*

Grundsymbol: violettes Ei in rotem Dreieck
Komplementärsymbol: bernsteinfarbenes Ei in grünem Dreieck
Stichworte: das Abstrakte des Feuers; Weisheit der Energie; Ideal der Durchsetzungskraft; transpersonales Wollen

Das Unter-Tattwa *Äther* von *Luft*

Grundsymbol: violettes Ei in hellblauem Kreis
Komplementärsymbol: bernsteinfarbenes Ei in orangefarbenem Kreis
Stichworte: das Abstrakte der Luft; Weisheit des Intellekts; Ideal der Intelligenz und der Kommunikation; transpersonales Erkennen

Sie sollten diese Liste von Stichworten, die natürlich keineswegs vollständig ist, gründlich studieren und nach Möglichkeit ergänzen. Am besten wäre es, wenn Sie die Liste abschrieben und hinreichend Platz für spätere Eintragungen, Bemerkungen, Änderungen und so weiter. ließen. Im Laufe der Jahre werden Sie auf diese Weise eine richtige »Enzyklopädie der Elemente« erhalten, die selbst wiederum ein vielsagendes Analyseinstrument ist: denn sie zeigt Ihre eigenen, subjektiven Elementstrukturen mit unbestechlicher Deutlichkeit auf!

Die Begriffe sind ganz bewußt etwas vage, ja abstrakt gehalten, weil dies der schon öfter erwähnten Unschärfe der Symbolsprache und Symbol-Logik am meisten entspricht. Sie sollen selbst wiederum Assoziationen auslösen, um auf diese Weise Ihre *eigenen* Unter-Elemente zum Leben zu erwecken.

Wichtig ist, daß Sie sich Klarheit über die Feinheiten dieses Unterscheidungsschemas verschaffen. Dazu dienen auch folgende Übungen.

Übung 15

Meditieren Sie ganz allgemein über die Unterschiede zwischen folgenden Unter-Tattwas:

- Erde von Wasser / Wasser von Erde
- Erde von Feuer / Feuer von Erde
- Erde von Luft / Luft von Erde
- Erde von Äther / Äther von Erde

- Wasser von Feuer / Feuer von Wasser
- Wasser von Luft / Luft von Wasser
- Wasser von Äther / Äther von Wasser

- Feuer von Luft / Luft von Feuer
- Feuer von Äther / Äther von Feuer

- Luft von Äther / Äther von Luft

Halten Sie schriftlich fest, zu welchen Ergebnissen Sie gekommen sind.

Im Gegensatz zu diesem eher abstrakten Training folgt nun eine Übung mit praktischem Bezug. In ihrer Grundstruktur ist Sie Ihnen bereits bekannt.

Übung 16

Nehmen Sie sich ein aktuelles Problem vor und beleuchten Sie Ihre möglichen Verhaltensweisen unter den verschiedenen Aspekten der

Unter-Tattwas. Fragen Sie sich also zuerst, welchem Grund-Tattwa Sie das Problem zuordnen wollen, um dann mit seinen entsprechenden Unter-Tattwas zu arbeiten.

In der Tattwa-Therapie kommt den Unter-Tattwas trotz der großen Differenzierungsmöglichkeiten, die sie uns bieten, dennoch allenfalls eine untergeordnete Rolle zu. Dafür gibt es mehrere Gründe. Zum einen ist das System ungleich umfangreicher und komplizierter als die Arbeit mit den fünf Haupt-Tattwas. Es erfordert eine sehr genaue Kenntnis der Grundelemente und ein großes Ausmaß an Erfahrung und Fingerspitzengefühl. Da die Symbole zudem ein wenig kompliziert zu visualisieren beziehungsweise innerlich wahrzunehmen sind, fällt vor allem dem ungeübten Anfänger die Arbeit damit meist recht schwer. Will man, wie es ja bei der Tattwa-Therapie stets zu empfehlen ist, eine Erkrankung von *allen* Seiten beleuchten und in sämtlichen Element-Aspekten erforschen, so muß man insgesamt 30 Operationen einplanen (5 Haupt-Tattwas und 25 Unter-Tattwas) – ein wahrlich astronomischer Aufwand, der nur in den allerseltensten Fällen wirklich erforderlich ist, da die Arbeit mit den Haupt-Tattwas meistens vollauf genügt.

Dennoch wird der erfahrene Tattwa-Therapeut die Unter-Tattwas schätzen lernen, wenn er über die erforderliche Übung und Praxis verfügt. Immerhin bieten sie ihm die Möglichkeit, ganz gezielt zu den Störungsherden des Klienten vorzustoßen und dort die entsprechenden Heilsymbole zu aktivieren. Allerdings ist die größte Stärke der Unter-Tattwas, nämlich ihre Differenziertheit, zugleich auch ihre große Schwäche. Denn nicht selten neigen vor allem etwas verkopfte, also überintellektuelle Menschen dazu, sich mit ihnen zu verzetteln und das denkerische Konzept der symbolischen Erfahrung überzuordnen – ein fataler Fehler, der dem Prinzip der konstruktiven Tattwa-Arbeit völlig widerspricht. Ein nicht zu unterschätzendes Problem besteht dabei auch in der Tatsache, daß dergleichen nur selten bewußt erkannt wird!

Dementsprechend sollen hier auch nur einige wenige Hinweise für die praktische Arbeit mit den Unter-Tattwas folgen. Wer bereits lange und intensiv mit den Haupt-Tattwas gearbeitet hat, der wird ohnehin keine umfangreichen Anweisungen für den sinnvollen Umgang mit den Unter-Tattwas benötigen.

- Unter-Tattwas lassen sich schwerpunktmäßig einsetzen, um einen bestimmten Element-Komplex präziser auszuleuchten.

Stiftet beispielsweise die Reise in das Element Wasser beim Klienten und beim Tattwa-Leiter mehr Verwirrung als Klarheit (was besonders häufig bei starken Gemütsstörungen zu beobachten ist, zum Beispiel auch bei psychisch bedingter Impotenz und Frigidität, aber auch bei Kontakthemmungen oder ähnlichem.), so kann es empfehlenswert sein, den problematischen Bereich mit Hilfe der Unter-Tattwa-Systematik zu zergliedern und seine Einzelaspekte zu erforschen. In diesem Fall sollte allerdings bereits mit einer *bewußten Intention* in das Unter-Tattwa gereist werden; es sollte also gezielt nach Hindernissen und Blockaden gesucht werden. Eine reine Erlebnisreise würde den Klienten in der Regel überfordern. Allerdings braucht dieser nicht vor der Reise darüber informiert werden; der spontane, gezielte Eingriff des Tattwa-Leiters ist hier einer beim Klienten zuvor geschürten, übertriebenen Erwartungsspannung vorzuziehen.

- Ein häufig zu beobachtendes Phänomen ist das Abgleiten in ein Unter-Tattwa während einer Reise durch ein Haupt-Tattwa.

Es ist nicht selten, daß ein Tattwa-Reisender beispielsweise im Erd-Tattwa plötzlich in eine äußerst *feurige* oder *wässrige* Landschaft gerät, die sämtliche Charakteristika des Unter-Tattwas *Feuer von Erde* beziehungsweise *Wasser von Erde* aufweist. Dies ist zu behandeln wie eine Reise durch das ursprünglich betretene Haupt-Tattwa. Meistens sind in einem solchen Fall andere Teilbereiche des Haupt-Tattwas blockiert, oder die Psyche will auf bestimmte Aspekte ihrer Symbolwelt aufmerksam machen. *Begehen Sie nicht den Fehler, die Tattwa-Erfahrung auf das ursprünglich nicht gewünschte Unter-Tattwa zu beziehen!* Ein solches Vorgehen würde dem Sinn der Symbol-Logik völlig widersprechen. Ein Beispiel aus der Traumdeutung mag dies veranschaulichen: Wenn man seine Träume intensiv beobachtet, regelmäßig aufschreibt und deutet, so kann es gelegentlich vorkommen, daß man einen Traum unmittelbar nach dem Erwachen, noch im Halbschlafzustand, zu deuten beginnt. Freud hat darauf hingewiesen, daß eine solche Deutung später, im Wachzustand, nachdem man etwas zeitlichen und seelischen Abstand von dem Traum gewonnen hat, als

Teil des Traumes zu behandeln ist! Die Symbolwelt ist stets unmittelbar, sinnlich und anschaulich; folglich müssen wir sie zunächst einmal so hinnehmen, wie sie sich uns darstellt.

- Die Arbeit mit dem Ur-Unter-Tattwa (also etwa mit *Erde von Erde*, *Wasser von Wasser*, *Luft von Luft* usw.) ist mit Sicherheit die schwierigste von allen. Nicht nur weil diese Tattwas dieselben Symbole haben wie die Haupt-Tattwas selbst, sondern auch, weil eine Differenzierung *innerhalb* eines Elements nach einem Hochmaß von Erfahrung verlangt.

Daher sollten Sie die Arbeit mit diesen Unter-Tattwas auch stets als *letztes* angehen. Sammeln Sie also zuvor erst hinreichend Erfahrung mit den anderen Unter-Elementen.

Die eigentliche Technik des Eintritts in ein Ur-Unter-Tattwa unterscheidet sich von den anderen lediglich durch einen vorhergehenden Mentalakt: Sie arbeiten zwar mit demselben Symbol, wie es das Haupt-Tattwa trägt, doch mit der vorangestellten Suggestion, nun das betreffende Unter-Tattwa zu bereisen. Als noch wirkungsvoller hat sich die Arbeit mit einem Hilfswesen innerhalb des Tattwas erwiesen. Wenn Sie sich von einem solchen innerhalb des Haupt-Tattwas in das betreffende Ur-Unter-Tattwa führen lassen, dürften Sie keine Schwierigkeiten damit haben.

Diese Ausführungen machen wohl deutlich, daß es nicht sehr einfach ist, wirklich konsequent mit den Unter-Tattwas zu arbeiten. Noch einmal soll also darauf hingewiesen werden, daß die praktische therapeutische Arbeit mit ihnen erst auf einem gehörigen Maß Erfahrung aufgebaut werden darf.

Anders steht es jedoch um die Erfahrungsreise des Tattwa-Kundigen. Hier bieten ihm die Unter-Tattwas eine noch viel reichere und differenziertere Welt als dies die Haupt-Tattwas schon tun. Wenn Sie Ihr inneres Symbolwissen um die Elemente vertiefen wollen, wenn Sie zu einer umspannenden sinnlichen Erfahrung der Elemente in all ihren Aspekten finden möchten, so ist eine praktische Arbeit mit den Unter-Tattwas unerläßlich und bedingungslos zu empfehlen. Bei der Ausbildung zum Tattwa-Tutor (der selbst wiederum Tattwa-Leiter ausbilden kann) wird besonders auf eine sorgfältige Bearbeitung der Unter-Elemente (auch in der therapeutischen Praxis) Wert gelegt.

10. Kapitel

Tattwas und Traumarbeit

Obwohl sie technisch gesehen in vielen Bereichen der »Phantasiereise«, dem »Katathymen Bilderleben« und dem »Tagtraum« ähneln, sind die Tattwa-Erfahrungen dennoch von eigener, unverwechselbarer Qualität. Mit ihrer Hilfe lassen sich von Fortgeschrittenen allerdings auch Träume besonders gut (da auf verschiedenen Element-Ebenen »gefiltert«) be- und verarbeiten beziehungsweise einer echten, dauerhaften Lösung zuführen.

Bevor wir näher auf diesen interessanten Nebenaspekt der Tattwa-Arbeit eingehen, sollten erst noch einige Fragen zum Thema Traumarbeit geklärt werden. Wir verstehen unter Traumarbeit im folgenden den bewußten Umgang mit erinnerten Träumen auf einer symbolorientierten Ebene. Damit ist gemeint, daß Träume nicht nach einem vorgegebenen Deutungsmuster einfach nur interpretiert werden, sondern daß die Auseinandersetzung unmittelbar über ihre Symbolinhalte selbst erfolgt. Dies kann beispielsweise durch die Technik der Symbolamplifikation geschehen, wie sie von C. G. Jung entwickelt wurde, durch bewußtes Nacherleben eines Traums im Wachzustand und ähnliches. Einen ausführlichen und stark praktisch orientierten Überblick über relevante und wirkungsvolle Methoden der Traumarbeit bietet das im Literaturverzeichnis aufgeführte Werk *Durch Traumarbeit zum eigenen Selbst* von Strephon Kaplan Williams.

Die einfachste Methode, Tattwa-Reise und Traumarbeit miteinander zu verbinden, besteht darin, den erinnerten Traum selbst wie eine Tattwa-Reise auszuwerten. Genauer gesagt, wie fünf verschiedene Tattwa-Reisen, indem sie ihn nämlich fünf Mal wie eine Reise in ein jeweils anderes Element behandeln und »so tun«, als hätten Sie jedes der Elemente auf eben jene Weise erfahren, wie der Traum sie Ihnen beschert hat. Dieses Verfahren ist zwar von seiner Technik her sehr schlicht, erweist sich aber auf Dauer als recht zeitaufwendig.

Wirkungsvoller und vor allem aufschlußreicher ist es, wenn Sie durch ein Tattwa-Tor in den Traum eintreten, wie Sie ihn erinnern. Dies können Sie ebenfalls mit allen fünf Element-Toren einzeln tun. Sind Sie hinter dem Tor angekommen, verhalten Sie sich in der Traumwelt wie in einer Ihnen bereits vertrauten Tattwa-Sphäre, deren Landschaft Sie gut kennen. Setzen Sie sich mit den Traumsymbolen nun so auseinander, wie Sie es auf einer regulären Tattwa-Reise auch täten. Ist Ihnen etwas unklar, stellen Sie Fragen, sprechen Sie mit den Symbolen und so weiter.

Noch effektiver ist es allerdings, den Traum zunächst einmal auf seine Element-Dominanz zu untersuchen. So können Sie feststellen, welches Element in ihm überwiegt, gegebenfalls können Sie sich auch für mehrere Elemente entscheiden und mit diesen separat arbeiten. Treten Sie nun in die relevante Tattwa-Sphäre ein und suchen Sie dort einen Ihrer Ratgeber auf. Dann erleben Sie mit diesem gemeinsam den Traum bewußt aufs neue und lassen sich von ihm wichtige Punkte, Strukturen und Probleme des Traums aufzeigen. Sollten Sie (noch) keinen »Führer« in der Tattwa-Welt haben, können Sie auch im Alleingang verfahren.

Schon nach kurzer Zeit werden Sie folgendes beobachten können: Ihr Traumleben wird einerseits intensiver, andererseits wird Ihnen die subjektive Bedeutung Ihrer Träume auch ohne zusätzliche Analyse immer stärker von allein klar; schwierige, unverständliche Traumpassagen werden durch die Konfrontation mit der ebenfalls dem Unbewußten zugehörigen Element-Struktur plötzlich eine völlig neue, einleuchtende Bedeutung erhalten; die Fähigkeit zum luziden Träumen, also zum bewußten Traum, in dem Sie bewußt handeln, agieren und eingreifen können, wird dramatisch gesteigert; das Inkubieren von Träumen, also ihr bewußtes Herbeiführen (wörtlich: »Ausbrüten«) wird erleichtert, wodurch beispielsweise für bestimmte Probleme durch die Traumarbeit Lösungen gefunden werden können. Umgekehrt steigert diese Art der Auseinandersetzung mit dem Traum auf Dauer Ihre Erlebnisintensität während der Tattwa-Reisen selbst.

Die enge Verzahnung von Tattwa- und Traumebene wird durch den gemeinsamen Nenner des Unbewußten verständlich. Wenn wir im Traum eine in der Regel sinnvolle Mitteilung des Unbewußten sehen, so erfolgt diese meistens ohne bewußtes Zutun des Verstands:

der Traum kommt eben, oder er kommt nicht. Bei der Tattwa-Reise suchen wir bewußt und gezielt bestimmte Sektoren des Unbewußten auf, um mit ihnen im Wachzustand zu kommunizieren. In beiden Fällen stellt sich eine Kommunikation zwischen Unbewußtem und Bewußtsein her, gewissermaßen eine »freiwillige« und eine »unfreiwillige« (natürlich vom Standpunkt des Bewußtseins aus gesehen). Indem wir beide miteinander koppeln, schließen wir den Kreis zwischen beiden Seelenbereichen und gelangen zu einer echten Zusammenarbeit zwischen ihnen.

Andererseits fördert die Tattwa-Arbeit aber auch ganz allgemein die Auseinandersetzung mit dem Traum. Vor allem jenen Menschen, die unter häufigen Alpträumen leiden, sei eine intensive Tattwa-Arbeit angeraten. Diese sollte anfangs in keinem Zusammenhang mit den eigenen Träumen stehen, sondern vielmehr wie eine ganz gewöhnliche Tattwa-Arbeit angegangen werden. Durch die regelmäßige Beschäftigung mit Inhalten des Unbewußten lernt der unter Alpträumen Leidende quasi automatisch, also ohne besonderes Dazutun, mit seiner Traumwelt zurechtzukommen und Alpträume einer dauerhaften Lösung zuzuführen, so daß sie nicht mehr aufzutreten brauchen.

Ähnlich wie bei der Traumarbeit empfiehlt es sich auch für die Tattwa-Arbeit, in einem Heft mit Alphabetregister oder in Form einer Kartei ein Symbol-Wörterbuch zu führen. Darin tragen Sie alle wichtigen Symbole ein, die Ihnen auf Ihren Reisen begegnen, zusammen mit einem kurzen Vermerk, in welchem Element und bei welcher Reise (Ort, Datum) es Ihnen begegnet ist. Natürlich werden Sie nicht jedes Bild in dieses Buch eintragen, sondern nur herausragende Symbole, die Ihnen auffallen. (So wäre es beispielsweise wenig sinnvoll, nach jeder Reise das Symbol »Weg« oder »Berg« aufzulisten, es sei denn, diese Symbole haben etwas Besonderes, Auffälliges an sich, zum Beispiel ein »Vulkan mit Menschengesicht«, ein »Weg voller Fallgruben« oder ähnliches) Auf diese Weise erhalten Sie schon nach kurzer Zeit einen recht aufschlußreichen Überblick über die am häufigsten auftretenden Symbole in Ihrer Element-Welt. Ein solches Symbol-Wörterbuch bietet Ihnen später Hilfe bei der Nachbereitung der Tattwa-Reisen.

Eine weitere interessante Technik aus der Traumarbeit, die sich auch mit Tattwas sehr nutzbringend anwenden läßt, ist der *bewußte Wiedereintritt* in die bereits einmal erlebte Tattwa-Sphäre. Dies wird vornehmlich bei der Nachbereitung geschehen, beispielsweise um Verständnisfragen zu klären. Verwechseln Sie allerdings diesen Wiedereintritt nicht mit einer realen Tattwa-Reise. Sie können es sich wie eine geistige Reise in ein statisches Bild oder, besser, in einen bereits bestehenden Film vorstellen. Nachdem Sie mit dem Vorsatz, die Reise noch einmal in allen Aspekten zu wiederholen, durch das Tattwa-Symbol getreten sind, führen Sie die gesamte Reise noch einmal durch wie gehabt. Allerdings können Sie gelegentlich Änderungen durchführen. Sollten Sie es beispielsweise versäumt haben, ein Symbol nach seiner Bedeutung zu fragen, das Sie nun interessiert, können Sie dies nun nachholen.

Der Vorteil des bewußten Wiedereintritts in die bereits einmal bereiste Tattwa-Sphäre liegt vor allem darin, daß die Ereignisse und Begebenheiten alle bereits festliegen, Sie also nicht von ihnen abgelenkt oder von neuem verblüfft werden und sich statt dessen darauf konzentrieren können, Versäumtes nachzuholen und sich größere Klarheit über Einzelheiten zu verschaffen.

Bitte beachten: Sie sollten den bewußten Wiedereintritt in die Tattwa-Sphäre nicht dazu benutzen, die Tattwa-Welt zu korrigieren oder gar zu reinigen. Dazu ist es sinnvoller, erneut real das Tattwa zu bereisen, wie schon beschrieben. Der bewußte Wiedereintritt dagegen dient lediglich der Informationsfindung und der Klarstellung.

Abschließend sei noch bemerkt, daß Sie natürlich auf Träume achten sollten, die mit Ihren Tattwa-Reisen inhaltlich oder atmosphärisch in Zusammenhang stehen. Solche Träume können bei regelmäßiger, gründlicher Tattwa-Arbeit relativ häufig vorkommen und manchen Aufschluß bringen, stellen Sie doch gewissermaßen »freiwillige Kommentare« des Unbewußten zu Ihren Tattwa-Erfahrungen dar. Sollten Sie im Traum die Aufforderung erhalten, eine bestimmte Tattwa-Sphäre zu bereisen, so ist dringend zu empfehlen, dieser Folge zu leisten. Selbst wenn Sie nicht genau wissen sollten, aus welchem Grund Sie dies tun sollen – innerhalb der Tattwa-Welt werden Sie es mit Sicherheit erfahren. Derlei Reisen dienen meistens der Prophylaxe, das Unbewußte will uns damit also auf etwaige seelische und körperliche Disharmonien aufmerksam machen. Gelegentlich bekommen sie sogar präkognitiven Charakter und zeigen uns wichtige bevorstehende Lebensereignisse, um uns innerlich und äußerlich darauf vorzubereiten. In diesem Fall stellen sie eine Parallele zu dem dar, was C. G. Jung »große Träume« genannt hat. Wundern Sie sich also nicht, wenn sich Ihr Leben durch derlei Arbeiten grundlegend ändern sollte! Sie können immerhin einer Sache gewiß sein: Es wird stets zum Besseren sein! Denn wenn Sie sich erst einmal der aktiven Mithilfe des Unbewußten versichert und zu einem harmonischen Zusammenspiel zwischen diesem so mächtigen Bereich der Seele und dem Bewußtsein gefunden haben, stehen Ihnen Tür und Tor zu einem glücklichen, harmonischen und erfüllten Leben offen. Es wird dies kein Leben ohne Probleme sein, das ist ein frommer Ammenglaube; aber die Probleme, die Ihnen dann noch begegnen werden, werden *sinnvoller* Art sein und Ihrer persönlichen Selbstentwicklung dienen. Sie werden innere und äußere Zusammenhänge erkennen und daraus intuitiv die richtigen Konsequenzen zu ziehen wissen. Mit anderen Worten: Sie werden zu einem *ganzen*, *heilen* Menschen!

11. Kapitel

Tattwas und Gruppenarbeit

Bisher haben wir die Tattwa-Reise nur als Trance-Reise eines einzelnen behandelt. Bei der angeleiteten Reise ist der Tattwa-Leiter zwar dabei; und wir erwähnten auch, daß er sich möglichst intensiv in seinen Klienten einschwingen sollte. Oft kommt es dann sogar vor, daß er die Reise so intensiv und bildhaft miterlebt, als wäre es seine eigene.

Doch es geht noch sehr viel intensiver. Das wohl Verblüffendste an der Tattwa-Arbeit ist nämlich die Möglichkeit, in einer Gruppe eine gemeinsame Element-Welt zu stabilisieren und zu erfahren! Hier haben wir es mit einer Form der »angewandten (spielerischen) Telepathie« zu tun, nach der sich jeder ernsthaft forschende Parapsychologe nur alle zehn Finger lecken kann!

Freilich verlangt die Arbeit in der Gruppe nach einiger Erfahrung der einzelnen Mitglieder. Es ist davon abzuraten, dieses Experiment mit gänzlich unerfahrenen Teilnehmern zu wagen, dadurch sinkt die Erfolgsquote und die daraus entstehende Frustration könnte Blockaden aufbauen, die sich bei späteren Versuchen als äußerst hinderlich erweisen würden.

Die Größe der Gruppe ist im Prinzip unerheblich, als optimal haben sich etwa fünf bis sieben Teilnehmer erwiesen. Doch man kann auch zu zweit mit einem Partner üben oder in beliebigen anderen Kombinationen. Allerdings: Je größer die Gruppe ist, um so schwieriger ist auch die Koordination – und um so länger dauert natürlich auch die Sitzung.

Zu Anfang sieht alles aus wie eine ganz gewöhnliche Suggestionssitzung. Alle entspannen sich gemeinsam, was am besten von einer Person laut suggeriert werden sollte. Handelt es sich um die erste Sitzung, kann man einen Leiter der Gruppen-Tattwa-Reise bestimmen, der das Ganze koordiniert.

Das Schwierigste bei der Gruppen-Arbeit ist der gemeinsame Eintritt in die gewählte Tattwa-Welt. Zwar kann ein für alle verbindliches Signal gegeben werden, doch muß danach von jedem Teilnehmer die Rückmeldung kommen, daß er es auch tatsächlich geschafft hat. Auch aus diesem Grund ist es empfehlenswert, nur mit Teilnehmern zu arbeiten, die bereits über ausreichende Erfahrung mit der Einzelarbeit verfügen.

Ein wichtiger Punkt: Während der gesamten Sitzung behalten die Teilnehmer die Augen geschlossen! Das Gefühl, von einem vielleicht etwas unaufmerksamen Nachbarn angesehen zu werden, ist nicht nur sehr unangenehm, es stört auch den Stabilisierungsprozeß der gemeinsamen Tattwa-Welt. Im übrigen gelten für die Gruppenarbeit die gleichen Empfehlungen und Regeln wie für die Einzelarbeit auch.

Die Suggestionsphase

In der Regel wird bei der Tattwa-Reise bekanntlich überhaupt nicht mit Suggestionen gearbeitet. Bei der Arbeit in der Gruppe dagegen kann in der Regel zumindest auf eine kurze Anfangsphase der Suggestion nicht verzichtet werden.

Diese Suggestionsphase nimmt folgenden Ablauf: Nachdem durch Rückmeldung festgestellt wurde, daß alle sich in der gewünschten Tattwa-Welt befinden, beginnt einer der Teilnehmer (aus praktischen Gründen am besten der Leiter oder ein anderes, vorher bestimmtes Mitglied der Gruppe), seine Wahrnehmung zu schildern. Dabei sollte allerdings vermieden werden, daß ganze »Romane« erzählt werden. Es genügen kurze, relativ vage Angaben wie: »Wir befinden uns auf einem Berg« oder ähnliches. Man kann sich auf die Regel einigen, daß jeder nur ein oder zwei Sätze sagen darf. *Empfehlenswert ist es, zu Anfang nur die Wir-Form zu verwenden.*

Jedes Mitglied der Gruppe versucht, dies zu realisieren. Sollte also ein Teilnehmer in unserem Beispiel nicht auf einem Berg stehen, sondern in einem Tal, muß er seine Wahrnehmung entsprechend manipulieren. *Auf keinen Fall darf er widersprechen und dadurch den Stabilisierungsprozeß torpedieren!* Die *positive Affirmation* ist das Geheimnis der Tattwa-Reise, wie ja bei der angeleiteten Arbeit der Tattwa-Leiter dem Klienten auch nicht widersprechen und seine Wahrnehmung in Frage stellen darf. Dies wird, vor allem bei größeren Gruppen, wo der ganze Prozeß wesentlich länger dauert als bei kleinen, jedem Mitglied mehr oder weniger häufig geschehen. Entscheidend ist auch, daß keine Bilder »erfunden« werden dürfen, sondern jeder einen Teil seiner eigenen realen Wahrnehmung einbringt.

Der zweite Teilnehmer könnte dann beispielsweise fortfahren: »Unter uns liegt ein grünes Tal«. Nun ist der dritte Teilnehmer an der Reihe: »Weit hinten rechts am Horizont geht gerade die Sonne auf.« Dann kommt der nächste dran. Ist jeder einmal an der Reihe gewesen, geht es im Kreis so weiter, also immer abwechselnd.

Nach einer Weile dürfte die Tattwa-Welt der Gruppe schon stabilisiert genug sein, um Bewegung zu erlauben. So könnte ein Teilnehmer beispielsweise sagen: »Vor uns liegt ein schmaler Pfad, der nach unten ins Tal führt. Wollen wir ihn hinuntergehen?«

Beachten Sie auch hier: Verhalten Sie sich im Prinzip so, wie Sie es im Alltagsleben ebenfalls mit der Gruppe täten. In unserem Fall findet eine Abstimmung statt, bei der sich alle Mitglieder gleichberechtigt äußern, es sei denn, es wurde etwas anderes vereinbart: Manche Gruppen ziehen nämlich autoritäre oder gar militärische Strukturen vor, bei denen stets ein Anführer entscheidet, was als nächstes getan werden soll. Ist jeder einverstanden, geht es weiter.

Die Suche nach dem Einverständnis in unserem Beispiel hat auch noch einen willkommenen Nebeneffekt. Sie sorgt nämlich dafür, daß die Aufmerksamkeit von dem Zwang, die Gruppen-Tattwa-Welt aufrechthalten zu müssen, etwas abgelenkt wird, indem eine andere, aktive Entscheidung gefällt werden muß. Da diese Entscheidung aber nach wie vor im Zusammenhang mit der Tattwa-Reise steht, handelt es sich um eine der ganzen Arbeit sehr förderliche »Ablenkung«. Ein geschickter Gruppenleiter wird gelegentlich mit solchen psychologischen »Tricks« arbeiten, um den Erfolg zu beschleunigen.

Es lassen sich keine starren Regeln dafür aufstellen, wie lange die Suggestionsphase anhalten soll. Meistens wird sich nach kurzer Zeit eine Szene nach Art der folgenden abspielen:

1. Teilnehmer: Und jetzt sehe ich einen abgebrochenen Ast am Boden liegen, den ich aufhebe.
2. Teilnehmer: Ist er braun, mit einer hellen Spitze, als hätte jemand mit einem Messer versucht, einen Speer daraus zu machen?
1. Teilnehmer: Ja, genau! Und ganz leicht ist der.
3. Teilnehmer: Seht ihr den Felsbrocken dort vorne links am Wegesrand?
2. Teilnehmer: Den etwas moosbewachsenen?
3. Teilnehmer: Ja, den meine ich. Ich glaube, ich setze mich mal dorthin.
2. Teilnehmer: Sag mal, warum hast du den Stock denn jetzt beiseite gelegt?
3. Teilnehmer: Komisch, das wollte ich auch gerade fragen.
1. Teilnehmer: (erstaunt) Das habt ihr also gesehen?

Das Erstaunen des ersten Teilnehmers ist berechtigt. Immer wieder wirkt es äußerst verblüffend, wie real die Tattwa-Welt der Gruppe wird. Obwohl der erste Teilnehmer nichts davon gesagt hatte, haben die beiden anderen gesehen, was er getan hat. Mit anderen Worten: Die Suggestionsphase ist beendet, der Prozeß hat sich verselbständigt, die Tattwa-Welt »steht«!

Die reale Gruppenwelt

Ich muß gestehen, daß ich, von der Telepathie-Hypothese abgesehen, keine wirkliche Erklärung für dieses Phänomen habe. Die Erfahrung ist derart real, als würde dieselbe Gruppe von Teilnehmern sich in der Außenwelt treffen und bewegen. Die Bestätigung durch andere Teilnehmer, wie wir sie beispielsweise in dem oben zitierten Protokollauszug beobachten konnten, wirkt wahre Wunder, was die »Realitätsproduktion« dieser Erfahrung angeht. Nicht immer wird eine Gruppensitzung derart erfolgreich verlaufen, und selbst eingespielte Gruppen haben ihre guten und ihre schlechten Tage. Und doch läßt sich feststellen, daß die durch eine Gruppe erschaffene Welt für jeden einzelnen sehr häufig eine derartige »Echtheit« besitzt, daß er geradezu Schwierigkeiten hat, sie von der Außenwelt des Alltags zu unterscheiden. Offenbar reagiert das Unbewußte besonders dankbar auf derlei Bestätigung, und anscheinend arbeitet es auch sehr gern mit den Energien des Kollektivs.

Wenn Sie die Möglichkeit dazu haben, sollten Sie sich auf keinen Fall eine Reihe von Gruppensitzungen entgehen lassen. Sie werden vielleicht feststellen, daß diese Tattwa-Arbeiten von einer noch weitaus größeren Intensität sind als Ihre Einzelreisen, ob diese nun in Eigenregie oder unter Anleitung erfolgen mögen. Andererseits wird die individuelle Praxis aber durch eine solche Erfahrung erheblich gefördert. So gesehen ist die Gruppenarbeit auch für jene Tattwa-Interessenten ideal, die gelegentlich Schwierigkeiten mit dem Bereisen der Elemente haben: Eine geschulte, aufeinander eingestimmte Gruppe kann in solchen Fällen einiges dazu beitragen, Schwierigkeiten aufzulösen und Hindernisse aus dem Weg zu schaffen. Voraussetzung bleibt allerdings nach wie vor die Praxis der Einzelarbeit, denn keine noch so gute Gruppe kann Ihnen die eigene Erfahrung mit *Ihren* Elementen abnehmen.

Für die nachsuggestive Phase der Gruppenarbeit gelten dieselben Gesetze wie für die Tattwa-Reise sonst auch: Die Teilnehmer sollten sich möglichst natürlich verhalten und im Prinzip alles so tun, wie sie es auch im Alltagsleben täten. Begegnen Ihnen Wesenheiten, so gehen Sie mit ihnen um wie besprochen. Auch in der Gruppe ist es natürlich möglich, einmal ein paar Worte »unter vier Augen« mit einem solchen Wesen zu wechseln, wenn Ihnen dies ein Anliegen sein sollte. Doch mehr Spaß macht es eigentlich, wenn das Kollektiv wirklich zusammenkommt und alles oder zumindest das meiste gemeinsam durchgeführt und erlebt wird.

Therapeutische Aspekte der Gruppenarbeit mit Tattwas

Die Gruppenarbeit mit den Tattwas läßt sich auch für therapeutische Zwecke nutzen. So könnte beispielsweise eine Gruppe von Gesunden einen Kranken in eine der Tattwa-Welten mitnehmen, um mit Hilfe der dort vorgefundenen Wesenheiten eine Gruppenheilung durchzuführen – eine sehr wirkungsvolle Technik, die in veränderter Form auch im Schamanismus häufig verwendet wird. (Beispielsweise in der indianischen Heiltechnik des »Geistboots«.)

Da in diesem Fall mit einer ganzen Gruppe von Teilnehmern gearbeitet wird, sollte auch jeder voll beteiligt sein. Deshalb müssen auch alle am vorhergehenden Diagnosegespräch teilhaben, und die Diagnose muß gemeinsam erarbeitet werden. Dies ist freilich der Idealfall. Meistens wird es so sein, daß einige Mitglieder der Gruppe über mehr Erfahrung verfügen als andere; deren Stimme sollte dann selbstverständlich mehr Gewicht haben, doch selbst in einem solchen Fall sollten die anderen Teilnehmer möglichst stark miteinbezogen werden. Nur dort, wo eine Gruppe auf ihren Tattwa-Leiter eingeschworen ist, ist es zulässig, daß dieser allein die Entscheidung fällt, welches Tattwa bereist werden soll. Das wird vor allem bei Ausbildungsgruppen der Fall sein. Doch wird jeder gute Tattwa-Leiter auch dann die anderen Mitglieder soweit einbeziehen, wie dies nur möglich und vertretbar erscheint.

Dem westlichen Menschen ist der Gedanke weitgehend unvertraut, daß eine Heilung in *fröhlicher* Atmosphäre stattfinden kann, ja sogar *sollte.* Wenn Sie daran zweifeln sollten, dann stellen Sie sich nur einmal vor, Sie lägen auf dem Operationstisch und Chirurg und Anästhesist würden einen Witz nach dem anderen reißen! (Tatsächlich geschieht dies sogar oft, allerdings in der Regel erst dann, wenn der Patient bereits betäubt ist.) In unserer Kultur hat der Humor etwas »Unseriöses« an sich, was natürlich in Wirklichkeit nur ein dummes, unnützes und gefährliches Vorurteil ist. Daß Humor die beste Medizin ist, ist nicht nur ein Spruch aus dem Weisheitsschatz des Volksmunds, man sollte in jeder Situation damit ernstmachen!

Es ist eine immer wieder bestätigte Erfahrung, daß Tattwa-Reisen im allgemeinen und Gruppenarbeiten mit Tattwas im besonderen die beste und nachhaltigste Wirkung erzielen, wenn sie in einer angenehmen, ja geradezu lustigen Stimmung stattfinden. Natürlich darf der Humor nicht zur Schlampigkeit verleiten, die gebotene Sorgfalt muß selbstverständlich stets gewahrt bleiben, doch ist dies der Fall, gibt es keinerlei Grund, die Heilsitzung mit feierlicher Leichenbittermiene durchzuführen!

Humor läßt sich nicht forcieren, und von einem Patienten, der unter starken Schmerzen leidet, zu erwarten, daß er ständig mitlacht, wäre äußerst töricht. Andererseits sollte der Erkrankte seinerseits nicht sein eigenes Psycho-Programm in der Form abfahren, daß er alle anderen dazu zwingen will, ebenso mißmutig und schmerzverzerrt dreinzuschauen wie er selbst. Es verlangt oft eine Menge Einfühlungsvermögen seitens der Therapierenden, den Patienten aus seiner geistigen Verkrampfung zu lösen und ihn für die heilenden Kräfte der Elemente zu öffnen. Dabei sollte man auch scheinbar kleine, ja banale Alltäglichkeiten nicht unterschätzen, die eine Atmosphäre angenehmer gestalten können: Eine Tasse Tee vor der Sitzung, ein freundliches lockeres Gespräch, ja sogar ein Meinungsaustausch über das Wetter können oft Wunder wirken. Bedenken wir immer, daß einer der größten Kritikpunkte der Schulmedizin die oft sterile Atmosphäre der Arztpraxis oder des Krankenhauses ist, jene künstliche Umgebung, die manchem Hilfesuchenden schon von Anfang an durch ihren bloßen Anblick Angst und Unsicherheit einflößt. Auf derartiges kann bei der Tattwa-Therapie verzichtet werden, was an sich bereits die Heilung fördert.

Heilungen in der Gruppe haben zwar eine lange Tradition, sind aber in unserem Kulturraum weitgehend in Vergessenheit geraten. Deshalb bedarf es auch einer gewissen Wiedergewöhnung, wenn man damit noch nicht vertraut ist. Auch hier hilft der spielerische Angang, Hemmungen zu überwinden. Darüber hinaus sollte die Gruppe auch während der eigentlichen Tattwa-Reise stets vollständig beteiligt sein. So könnte der Patient beispielsweise von allen Mitgliedern innerhalb der Tattwa-Welt massiert werden, die gesunden Teilnehmer könnten sich mit der Energie dieser Sphäre laden und diese Energie an ihn weitergeben oder ähnliches. Zu warnen ist dabei allerdings vor jedem Übereifer, denn auch hier können viele Köche den Brei verderben: Wenn jeder sich krampfhaft bemüht, dem Patienten noch einen weiteren Ratschlag zu erteilen, ihn um jeden Preis zu streicheln oder sich sonstwie einzubringen, kann dies schnell zur Verwirrung führen, was die Heilung wiederum in Frage stellen würde. Deshalb ist es sinnvoller, den Schwerpunkt der Arbeit ab einer gewissen Selbständigkeit des Patienten diesem persönlich zu überlassen. So sollte *er* es sein, der beispielsweise eine eventuell auftretende Wesenheit um Rat fragt, sich in einem Feuermeer reinigen läßt oder ähnliches. Das hat zudem den Vorteil, daß er *aktiv* beteiligt wird. Denn ein Großteil von Erkrankungen wird vor allem durch die Passivität der Kranken verlängert, ausgeweitet und oft sogar für das ganze Leben festgeschrieben. Ist der Lebens- und Heilungswille jedoch erst einmal wieder geweckt worden, steigert dies auch das Durchhalte- und Gesundungsvermögen erheblich. Gerade in einer

Gruppe Gleichgesinnter kann dies vor allem durch einen spielerischen Angang auf seelisch-symbolischer Ebene erreicht werden. Durch die Auseinandersetzung mit anderen, die diesen Weg bereits gegangen sind, vor allem aber durch die *Zusammenarbeit* mit ihnen, wächst die Zuversicht, werden die Lebensgeister aktiviert.

Ein weiterer Schwerpunkt der Tattwa-Arbeit im Gruppenrahmen ist der Erwerb von Kenntnissen und Wissen. Weil die Tattwa-Welt oft in der Gruppe noch viel plastischer erfahren wird als bei der Einzelarbeit, mithin der Zugang zum Unbewußten noch stärker gegeben ist als sonst, lassen sich die verborgenen Kräfte der Seele auch entsprechend anzapfen und nutzen. Freilich verlangt dies nach Einmütigkeit. Es ist wenig sinnvoll, wenn jeder innerhalb der Gruppe ausschließlich für sich allein arbeitet. Sinnvoller ist es, wenn pro Anliegen eine Gruppenarbeit durchgeführt wird. Dann können die anderen Teilnehmer dem Betreffenden hinterher auch entsprechende Ratschläge geben, schwierige Fragen klären, Zweideutigkeiten aufklären helfen und ähnliches.

Gerade die *Partnertherapie* findet in der Gruppen-Tattwa-Arbeit ein wirkungsvolles, effizientes Werkzeug. So können Partner beispielsweise Beziehungsprobleme durch den gemeinsamen Besuch der Elementsphären auf der symbol-logischen Ebene aufs neue beleuchten, was oft zu erstaunlichen Erkenntnissen führt. Allerdings setzt auch dieser Angang bereits einiges an Erfahrung mit den Tattwas voraus. Die meisten Anfänger werden es deshalb vorziehen, die ersten Reisen unter Führung eines Tattwa-Leiters zu versuchen. Je nach Temperament, Erfahrung und Intuition des Tattwa-Leiters wird dieser seine beiden Klienten entweder auf der Reise begleiten oder, wie bei der angeleiteten Tattwa-Reise, von außen »mitschwingen« und an der Reise ganz bewußt nicht persönlich teilnehmen, um sich eine gewisse Distanz zu bewahren. Dies obliegt seiner eigenen Entscheidung, und jede der beiden Methoden hat natürlich ihr eigenes Pro und Kontra.

Es leuchtet wohl ohne ausführlichere Erklärung ein, daß die Gruppenarbeit dem einzelnen den *Zugang zum Transpersonalen* erleichtert. Das ergibt schon aus symbol-logischen Gründen Sinn, da er ja bei der Gruppenreise per definitionem die Grenzen seiner eigenen

Persönlichkeit überschreitet und teilweise mit den anderen verschmilzt. Auf der symbolischen Ebene hat der Zugang zum anderen also schon stattgefunden. Damit soll freilich nicht behauptet werden, daß schon die Tatsache der Gruppenarbeit allein bereits mit dem Transpersonalen gleichzusetzen sei. Wie gesagt – der *Zugang* wird dadurch erleichtert.

Ein Problem bei der Arbeit mit dem Transpersonalen ist die Tatsache, daß es oft fast nur auf einer unbewußten oder bestenfalls halbbewußten Ebene erfahren wird, etwa im Zustand der Trance oder der Ekstase. Da es sich zudem der sprachlichen Beschreibung weitgehend verweigert, ist es sehr schwierig, darüber konkrete, leicht verständliche Aussagen zu machen. Es hat sich aber in der Praxis gezeigt, daß Menschen, die Schwierigkeiten mit der Arbeit am Äther-Tattwa haben, diese durch gezielte Gruppenarbeit in *anderen* Tattwa-Sphären beheben helfen können. In einem solchen Fall empfiehlt es sich allerdings nicht, mit der Gruppe gleich das Äther-Tattwa zu bearbeiten. Denn diese Tattwa-Ebene ist paradoxerweise vielleicht die subjektivste von allen. Gerade weil sie dem Transpersonalen am nächsten kommt, mithin auch dem nahesteht, was C. G. Jung als das kollektive Unbewußte bezeichnet hat, wird sie auf äußerst individuelle Weise erfahren. Das gilt freilich weniger für die wahrgenommenen Symbole selbst, die in der Äther-Welt sogar erstaunlich konstant sind. Vielmehr ist es die *Deutung* der Symbole und die Art der Wahrnehmung ihrer Energiequalität, die äußerst unterschiedlich und, wie bereits gesagt, stark subjektiv gefärbt ist. Das ist eigentlich nicht weiter verwunderlich, wenn man bedenkt, daß das Personale im Transpersonalen wurzelt, ja in gewissem Sinne sogar seine individuelle Manifestation darstellt. Nur das Subjekt stellt den Kanal zum Über-Subjektiven dar. Doch auch an diesen Bemerkungen zeigt sich einmal wieder, wie schwierig es ist, über das Transpersonale konkrete sprachliche Aussagen zu machen.

Die einzige Gefahr bei der Tattwa-Reise in der Gruppe liegt in der Zersplitterung, wenn nämlich die Gruppendisziplin nicht gewährleistet ist oder gar der eine oder andere Teilnehmer plötzlich unbemerkt in seine »eigene« Reise abgleitet. Aus diesem Grund sollte der Leiter auch stets darauf achten, daß sich niemand in der Tattwa-Sphäre von der Gruppe absondert, besonders dann nicht, wenn das anfängliche starre Schema nach dem Prinzip »Jeder kommt abwechselnd an die Reihe und muß sprechen« irgendwann aufgebrochen wird und es zu einem natürlicheren Austausch kommt, bei dem der eine oder andere – wie im Alltagsleben auch – gelegentlich längere Zeit schweigt. Dann könnte es nämlich geschehen, daß die Gruppenwelt erstens an Stabilität verliert und daß die sich Absondernden immer tiefer in eine unkontrollierte Volltrance geraten. Es erfordert sehr viel Aufwand, um ein derartiges Abgleiten hinterher durch Gespräche und nochmaligen Besuch der entsprechenden Tattwa-Sphäre wieder aufzufangen.

Es muß also jeder Teilnehmer an der *gesamten* Reise aktiv beteiligt sein. Wird diese Regel jedoch beherzigt, so hat man es mit einer völlig ungefährlichen und äußerst wirkungsvollen Form der Element-Arbeit zu tun.

Experimentieren Sie mit der Gruppenarbeit, und Sie werden es nicht bereuen! Es ist eine geradezu ideale Anwendung der Element-Energien auf spielerische Weise, von einer solchen Intensität, daß man sie kaum für möglich hält, bevor man sie einmal erfahren hat.

Bibliographie

Patricia Garfield, *Kreativ Träumen*, Ansata, Interlaken 1984

Ellic Howe, *The Magicians of the Golden Dawn.* A Documentary History of a Magical Order 1887–1923, Routledge & Kegan Paul, London 1972

Horst Miers, *Lexikon des Geheimwissens*, Goldmann, München 1986

Robert A. Monroe, *Der Mann mit den zwei Leben.* Reisen außerhalb des Körpers, Ansata, Interlaken 1984

Fra Peregregius, *Tattwa, Hellsehen, Astralwallen*, Schikowski, Berlin 1959

Isrrael Regardie, *The Complete Golden Dawn System of Magic*, Falcon, Phoenix Arizona 1984

Ralph Tegtmeier, *Der heilende Regenbogen. Sinnvolle Spiele, Experimente und Meditationen zum kreativen Umgang mit den geheimnisvollen Energien von Klang, Farbe und Licht*, Schangrila, Haldenwang 1985

– ders., *Musikführer für die Reise nach Innen. Kosmische Klänge zum Entspannen und Meditieren*, Schangrila, Haldenwang 1985

Ernst R. Waelti, *Der dritte Kreis des Wissens. Außerkörperliche Erfahrungen – eine Mystik der Naturwissenschaft*, Ansata, Interlaken 1983.

Strephon K. Williams, *Durch Traumarbeit zum eigenen Selbst. Die Jung-Senoi-Methode,* Ansata, Interlaken 1984

Werner Zurfluh, *Die Quellen der Nacht. Neue Dimensionen der Selbsterfahrung*, Ansata, Interlaken 1983